U0143288

WHAT IS SOCIOLOGY

社会学是什么

邱泽奇 著

北京大学出版社
PEKING UNIVERSITY PRESS

图书在版编目(CIP)数据

社会学是什么/邱泽奇著. —北京：北京大学出版社，2020.6
（人文社会科学是什么）
ISBN 978-7-301-19580-2

Ⅰ．①社…　Ⅱ．①邱…　Ⅲ．①社会学—通俗读物　Ⅳ．①C91-49

中国版本图书馆 CIP 数据核字(2020)第 057888 号

书　　　　名	社会学是什么
	SHEHUIXUE SHI SHENME
著作责任者	邱泽奇　著
策 划 编 辑	杨书澜
责 任 编 辑	闵艳芸
标 准 书 号	ISBN 978-7-301-19580-2
出 版 发 行	北京大学出版社
地　　　　址	北京市海淀区成府路 205 号　100871
网　　　　址	http://www.pup.cn　　新浪微博:@北京大学出版社
电 子 信 箱	minyanyun@163.com
电　　　　话	邮购部 010-62752015　发行部 010-62750672
	编辑部 010-62750673
印 刷 者	北京中科印刷有限公司
经 销 者	新华书店
	890 毫米×1240 毫米　A5　10.25 印张　186 千字
	2020 年 6 月第 1 版　2022 年 12 月第 2 次印刷
定　　　　价	48.00 元

阅 读 说 明

亲爱的读者朋友:

　　非常感谢您能够阅读我们为您精心策划的"人文社会科学是什么"丛书。这套丛书是为大、中学生及所有人文社会科学爱好者编写的入门读物。

　　这套丛书对您的意义:

　　1. 如果您是初中学生,阅读这套丛书,可以扩大您的知识面,这有助于提高您的写作能力,无论写人、写事,还是写景都可以从多角度、多方面展开,从而加深文章的思想性,避免空洞无物或内容浅薄的华丽辞藻的堆砌(尤其近年来高考中话题作文的出现对考生的分析问题能力及知识面的要求更高);另一方面,与自然科学知识可提供给人们生存本领相比,人文社会科学知识显得更为重要,它帮助您确立正确的人生观、价值观,教给您做人的道理。

　　2. 如果您是高中学生,阅读这套丛书,可以使您对人文社会科学有大致的了解,在高考填报志愿时,可凭借自己的兴趣去选择。因为兴趣是最好的老师,有兴趣才能保证您在这个领域取得成功。

3. 如果您是大学低年级学生,阅读这套丛书,可以帮助您更好地进入自己的专业领域。因为毫无疑问这是一套深入浅出的教学参考书。

4. 如果您是大学高年级学生,阅读这套丛书,可以加深自己对人生、对社会的认识,对一些经济、社会、政治、宗教等现象做出合理的解释;可以提升自己的人格,开阔自己的视野,培养自己的人文素质。上了大学未必就能保证就业,就业未必就是成功。完善的人格、较高的人文素质是保证您就业以至成功的必要条件。

5. 如果您是人文社会科学爱好者,阅读这套丛书,可以让您轻松步入人文社会科学的殿堂,领略人文社会科学的无限风光。当有人问您什么书可以使阅读成为享受?我们相信,您会回答:"人文社会科学是什么"丛书。

您如何阅读这套丛书:

1. 翻开书您会看到每章有些语词是黑体字,那是您必须弄清楚的重要概念。对这些关键词或概念的把握是您完整领会一章内容的必要的前提。书中的黑体字所表示的概念一般都有定义。理解了这些定义的内涵和外延,您就理解了这个概念。

2. 书后还附有作者推荐的书目。如您想继续深入学习,可阅读书目中所列的图书。

我们相信,这套书会助您成为人格健康、心态开放、温文尔雅、博学多识的人。

序　一

让人文情怀和科学精神滋润心田

北京大学校长

林建华

一直以来，社会都比较关注知识的实用性，"知识就是力量""科学技术是第一生产力"，对于一个物质匮乏、知识贫乏的时代来说，这无疑是非常必要的。过去的几十年，中国经济和社会都发生了深刻变化，常常给人恍如隔世的感觉。互联网十、跨界、融合、大数据，层出不穷、正以难以想象的速度颠覆传统……。中国正与世界一起，经历着更猛烈的变化过程，我们的社会已经进入到以创新驱动发展的阶段。

中国是一个由古文明连续发展至今的大国，在近代史中，曾经历了百年的苦难和屈辱，中国人民从未放弃探索伟大民族复兴之路。北京大学作为中国古老的学府，一百多年来，一直上下求索科学技术、人文学科和社会科学的发展道路。我们深知，进步决不是忽视既有文明的积累,更不可能用一种文明替代另一种文明,发展必须充分吸收人类积累的知识、承载人类多样化的文明。我们不仅应当学习和借鉴西方的科学和人文情怀,还要传承和弘扬中国辉煌的文明和智慧,这些正是中国大学的历史使命,更是每个龙的传人永远的精神基因。

通俗读物不同于专著,既要通俗易懂,还要概念清晰,更要喜闻乐见,让非专业人士能够读、愿意读。移动互联时代,人们的阅读习惯正在改变,越来越多的人喜欢碎片化地去寻找和猎取知识。我们真诚地希望,这套"人文社会科学是什么"丛书能帮助读者重拾系统阅读的乐趣,让理解人文学科和社会科学基本内容的欣喜丰盈滋润心田;我们更期待,这套书能成为一颗让人胸怀博大的文明种子,在读者的心田生根、发芽、开花、结果。无论他们从事什么职业,都能满怀人文情怀和科学精神,都能展现出中华文明和人类智慧。

历史早已证明,最伟大的创造从来都是科学与艺术的完美结合。我们只有把科学技术、人文修养、家国责任连在一起,才能真正懂人之为人、真正懂得中国、真正懂得世界,才能真正守正创新、引领未来。

2015 年 8 月

序　二

重视人文学科　高扬人文价值

北京大学校长

人类已经进入了 21 世纪。

在新的世纪里，我们中华民族的现代化事业既面临着极大的机遇，也同样面临着极大的挑战。如何抓住机遇，迎接挑战，把中国的事情办好，是我们当前的首要任务。要顺利完成这一任务的关键就是如何设法使我们每一个人都获得全面的发展。这就是说，我们不但要学习先进的自然科学知识，而且也得学习、掌握人文科学知识。

江泽民主席说，创新是一个民族的灵魂。而创新人才的培养需要良好的人文氛围，正如有些学者提出的那样，因为人文和艺术的教育能够培养人的感悟能力和形象思维，这对创新人才的培养至关重要。从这个意义上说，人文科学的知识对于我们来说要显得更为重要。我们迄今所能掌握的知识都是人的知识。正因为有了人，所以才使知识的形成有了可能。那些看似与人或人文毫无关系的学科，其实都与人休戚相关。比如我们一谈到数学，往往首先想到的是点、线、面及其相互间的数量关系和表达这些关系的公理、定理等。这样的看法不能说是错误的，但却是不准确的。因为它恰恰忘记了数学知识是人类的知识，没有人类的富于创造性的理性活动，我们是不可能形成包括数学知识在内的知识系统的，所以爱因斯坦才说："比如整数系，显然是人类头脑的一种发明，一种自己创造自己的工具，它使某些感觉经验的整理简单化了。"数学如此，逻辑学知识也这样。谈到逻辑，我们首先想到的是那些枯燥乏味的推导原理或公式。其实逻辑知识的唯一目的在于说明人类的推理能力的原理和作用，以及人类所具有的观念的性质。总之，一切知识都是人的产物，离开了人，知识的形成和发展都将得不到说明。

因此我们要真正地掌握、了解并且能够准确地运用科学知识，就必须首先要知道人或关于人的科学。人文科学就是关于人的科学，她告诉我们，人是什么，人具有什么样的本质。

现在越来越得到重视的管理科学在本质上也是"以人为本"的学科。被管理者是由人组成的群体，管理者也是由人组成的群体。管理者如果不具备人文科学的知识，就绝对不可能成为优秀的管理者。

　　但恰恰如此重要的人文科学的教育在过去没有得到重视。我们单方面地强调技术教育或职业教育，而在很大的程度上忽视了人文素质的教育。这样的教育使学生能够掌握某一门学科的知识，或能够脚踏实地完成某一项工作，但他们却很难知道人究竟为何物，社会具有什么样的性质。他们既缺乏高远的理想，也没有宽阔的胸怀，既无智者的机智，也乏仁人的儒雅。当然人生的意义或价值也必然在他们的视域之外。这样的人就是我们常说的"问题青年"。

　　当然我们不是说科学技术教育或职业教育不重要。而是说，在学习和掌握具有实用性的自然科学知识的时候，我们更不应忘记对于人类来说重要得多的学科，即使我们掌握生活的智慧和艺术的科学。自然科学强调的是"是什么"的客观陈述，而人文学科则注重"应当是什么"的价值内涵。这些学科包括哲学、历史学、文学、美学、伦理学、逻辑学、宗教学、人类学、社会学、政治学、心理学、教育学、法律学、经济学等。只有这样的学科才能使我们真正地懂得什么是真正的自由、什么是生活的智慧。也只有这样的学科才能引导我们思考人生的目的、意义、价值，从而设立一种理想的人格、目标，并愿意为之奋斗终生。人文学科的教育目标是发展人性、完善人格，提供正确的价值观或意义理论，为社会确立正确的人文价值观的导向。

　　国外很多著名的理工科大学早已重视对学生进行人文科学

的教育。他们的理念是，不学习人文学科就不懂得什么是真正意义的人，就不会成为一个有价值、有理想的人。国内不少大学也正在开始这么做，比如北京大学规定理科学生必须选修一定量的文科课程，并在校内开展多种讲座，使文科的学生增加现代科学技术的知识，也使理科的学生有较好的人文底蕴。

我们中国历来就是人文大国，有着悠久的人文教育传统。古人云："文明以止，人文也。观乎天文，以察时变，观乎人文，以化成天下。"这一传统绵延了几千年，从未中断。现在我们更应该重视人文学科的教育，高扬人文价值。北京大学出版社为了普及、推广人文科学知识，提升人文价值，塑造文明、开放、民主、科学、进步的民族精神，推出了"人文社会科学是什么"丛书，为大中学生提供了一套高质量的人文素质教育图书，是一件大好事。

2001 年 8 月

作 者 的 话

我写这本小书的目的是想说明社会学是一门严肃的社会科学。之所以这样说,是因为直到现在,人们还对社会学有不少误解。自诞生的时候起,社会学就处于被误解与纠正误解之中。最早的误解来自意识形态方面。在工业社会的早期阶段,激进的人们把社会学与作为意识形态的社会主义混为一谈;在资本主义蓬勃发展的年代,社会学的发展不断地遭到压制。到 20 世纪初年,对社会学的误解仍然存在。具有讽刺意味的是,在帕森斯(Talcott Parsons)的结构功能主义为"美国梦"大唱赞歌以后,资本主义世界开始容忍社会学,社会主义国家却把社会学看作是资产阶级的意识形态,认为社会学是为资本主义社会辩护的工具。不仅苏联批判社会学,在中国,1952 年进行高等教育机构改革时,干脆就取消了社会学学科。

这种处境既是社会学的悲哀,也是社会学的幸运。说悲哀,是因为作为一门严肃的、以科学取向见长的学问,社会学始终被作为意识形态的东西随意兴废,这一方面有损人类知识探索的尊严,另一方面也为人们正确地认识这门学科制造了混乱;说幸运,是因为这门学科到底生存下来了,并稳定地成长起来。进入20世纪90年代以后,人们越来越多地发现,无论是人类的经济生活还是政治生活,都深深地植根于社会,由此,社会学不仅吸引了越来越多对探索社会感兴趣的人们,也吸引了主流的经济学家和政治学家,有几位诺贝尔经济学奖得主研究的正是社会经济问题,如家庭经济分析、信息不对称分析等;社会学还吸引了自然科学家,他们发现人类社会存在一些稳定的、与自然规律类似的社会规律,如社会交往的六度分隔、群体规模的动态、社会隔离的复杂性等。

1979年以后,社会学在中国开始重建。在40多年的时间里,如果仅从数据来看,社会学在中国的确获得了快速发展。举例来说,在刚刚恢复社会学的时候,只有极少数综合性大学建立了社会学专业,并且要么附属在哲学系之下,要么附属在国际政治学系之下,后来才有专门的社会学系、社会学院。40多年后,中国有社会学系的高等院校已有90多家,每年招收的学生近万人,这样的发展不可谓不快。随着院系数量的增加,从事社会学教学和科研工作的人数也在迅速增长,以每个系30名教师计算,在中国,从事社会学教学的人员达到2000多人,这还不包括各省的社会学专业研究人员。据统计,中国社会学会年会每年的参会人数都在2000人以上。

尽管如此,大多数人还是不了解社会学,你可以随便问问身边的人,他们知道社会学吗? 知道社会学研究什么吗? 不仅如此,不少自认为了解社会学的人,对社会学也有很多误解;有的人认为社会学就是社会哲学;有的人认为社会学就是统计学;还有的人认为社会学就是讲故事,甚至认为社会学与文学故事不同的地方就在于它讲的是真实的故事,在一篇故事之中只要加上几句分析的话语,就成了"社会学分析"。对这些误解,我们不能归咎于误解的人,而只能归咎于我们这些在这个学科领域耕耘的人,是我们没有把这门学科知识说清楚,是我们没有将这门学科的知识传递给更多的人,所以才有了这样的误解。

基于以上原因,笔者写这本书的基本目标就是力图说明社会学是一门严肃的社会科学。

尽管这是一本普及性的小书,我仍然希望能够把自己对社会学的理解与期待融入其中。本书的写作力图兼顾可读性与科学性:首先,我没有过多地使用社会学的专业术语,我希望实践费孝通先生对社会学者的教诲:用每个人都能够懂得的大白话去阐述社会学的洞察力。同时,我又不得不使用一些必要的专业术语,一方面是因为我尚没有这样的学术"道行",可以完全抛开社会学的专业术语;另一方面,每个试图懂得社会学的人都需要懂得一些专业术语,因为绝大多数的社会学知识积累还是表现为专业术语的叙述。

其次,我始终认为社会学是一门科学,也必须遵循科学的原则,那就是,用精炼的专业语言刻画和解释社会现象。基于这样的考量,本书的分析与讨论依然是以科学的方式进行的。我知道,一些对科学取向持有异议的社会学者会有不同看法。不过,但凡严肃的学者都有自己的学术信仰,在异议之余,我相信他们也能够理解与支持我的选择。

再次,社会学不是玄学,也不是抽象的数理逻辑,更不是意识形态,社会学是对社会规律的刻画与解释,社会学就在我们的身边。就像人们在日常生活中不断地在处理经济学的问题一样,人们在日常生活中也在不断地处理社会学的问题:从个人社交、家庭关系到工作关系,从结婚生子到养儿育女,从经济活动到政治运动,都有社会学研究的议题。为了便于读者抓住要点,在内容编排上,我没有遵循大学社会学教科书的通常格式,把社会学的内容类别化,而是遵从了生活逻辑,从一个人出生开始,讨论人的成长、学习、工作、婚嫁、家庭、群体、组织、社会流动中的社会学议题,最后讨论对社会的整体认知。总的希望是,用人们日常生活中的事例来阐述社会学的洞察力、对社会规律的刻画和解释。

全书分为8讲,第1讲呈现社会学的思维模式;第2讲对作为一个学科的社会学进行介绍;从第3讲开始一直到最后,讨论社会学的主流问题;"结束语"部分提出了社会学作为职业或使命的问题。原计划以一个生命周期为例写14个专题的,在写作中,渐渐地简化为6个专题,从出生时的社会化开始,接着讨论与个体密切相关的教育、工作、婚姻家庭,然后讨论与个体有些距离的群体与组织、社会结构与分层。现在看来,我发现,放弃其他 8 个专题未尝不是正确的选择,原因在于,8 讲的内容相对清晰地呈现了社会学的洞察力和思维模式。读者了解了这两项能力,便可以尝试对社会现象的专题进行分析和探讨了。

在过去的 100 多年里,中国社会发生的变化甚至远胜于过去的 3000 年。中国不仅在实现现代化的转型,也成为世界上具有影响力的一分子。中国社会的复杂性不仅表现在我们集中了人类社会的多种基本生活形态,从刀耕火种的农业、传统的牧业到网络社会,而且表现在从计划经济向市场经济的转变以及经济的全球化。坦率地说,现在的中国是人类社会最丰富的实验场,各种极其复杂的问题不仅需要经济学家和管理学家来研究,更需要具备充分社会学基础知识的人来探讨。而且我相信,扎根于中国社会的、执着的学术努力将能够为人类社会学的知识积累做出前所未有的贡献,也为人类找到一条"美人之美,美美与共"的共生道路。

此外,非常重要的是,面对中国社会如此复杂的、剧烈的社会变迁,人们难免会产生彷徨甚至恐惧的心理。学一点社会学将有助于我们更全面地理解当下发生的一切;更加客观地对待我们的日常生活和工作;在向数字化社会迈进的进程中,更加深切地懂得每个人担负的历史使命,并使我们这个由古老文明孕育和滋养的社会变得更加成熟和具有包容性。

目 录
CONTENTS

数据与社会

从了解社会和改造社会的实践中,我们才能总结出社会生活中的一些规律,使我们能更好地按规律来处理我们社会生活各方面不断发生的变化。社会学的理论就是从实践中总结出来的那些具有规律性的认识。社会调查是社会学研究的基本工作。

——费孝通《为社会学再说几句话》

费孝通(1910—2005)，中国社会学家、人类学家。

　　对于社会学而言，人们最容易出现的误解有三种：第一种是把社会学等同于社会哲学甚至哲学。从社会学的起源来看，社会学的确脱胎于哲学，早期的创始人在试图把社会学作为专门学问时，使用的策略就是将其定义为社会哲学。第二种是把社会学等同于讲故事。在社会学的某些范式中，故事的确是不可缺少的重要部分，譬如怀特（William Foote Whyte）的《街角社会》，读起来就像是一篇精彩的故事。第三种是把社会学视为数据游戏。在社会学研究中，尤其是定量研究中，数据确实是解释社会现象的不可缺少的要素，没有数据，就没有证据，没有解释社会现象的支撑。那么，我们为什么还要说以上三种对社会学的理解是误解呢？

　　还是让我们用具体例子来进行解说吧。先从数据与社会学的关系说起，下一讲我们再讨论哲学、故事与社会学的关系。

一、四个数值

某老师在大学课堂进行一个调查,目的是让学生了解社会学的基本思维模式。调查对象是刚刚进入××大学社会学系的新生;调查内容是"班级来自农村和城镇学生的性别比"。调查很简单:把课堂座位分为4列,两列为一组。来自农村的男生坐成一列,女生紧随其左,坐成另一列,由此构成一个组;来自城镇的同学也依此坐成两列。这样,就得到了4个基本数值:来自农村的男生人数、女生人数,来自城镇的男生人数、女生人数,结果如表1-1。

表 1-1　某课堂学生户籍类型和性别调查分组表

	男生	女生	合计
城镇	10	9	19
农村	9	7	16
合计	19	16	35

资料来源:××大学社会学系课堂调查,2019 年 10 月

老师的问题是,这组数据说明了什么社会现象?在将近一个小时的讨论中,同学们归纳了四点结论:第一,中国城镇的基础教育状况好于农村;第二,中国男性接受基础教育的状况好于女性;第三,在城镇,女性与男性接受基础教育的状况相似;第

四,在农村,女性接受基础教育的状况不仅比农村的男性差,比城镇的女性也差。

如果仅依据表 1-1 的数据,四点结论貌似正确。"果真如此吗?"老师在课堂上使用了一个大大的问号,学生们异常安静,没有任何声音。老师简单地评论说:"四点结论都是错的;最保守地说,没有一点能够站得住脚。"课堂就像在滚烫的油锅里滴进了一滴水一样,炸开了,同学们的脸上出现了各种表情。有的人觉得非常奇怪,4 个数据非常清楚,城乡、男女的比较明明白白,怎么可能错呢? 有的同学不屑一顾,认为老师一定是在故弄玄虚;也有的同学一脸茫然,不知到底错在何处;更有同学脸上出现愤怒的表情,也许在想:我们可是各省的高考尖子,有的还是某省高考状元,老师是怀疑我们的智商还是怀疑我们的基本数学能力?

这个时候,读者也不妨把书放下,想一想,问题到底出在哪里?

二、数据、常识与社会

有的读者可能心存疑虑,认为同学们的结论没有错误。在我们的日常感知和常识中,农村的基础教育的确比城镇差。要不然,希望小学为什么没有建在城镇,而是建在农村? 为什么从农村到城里打工的人很多只有小学文化程度？为什么新闻常常报道农村适龄儿童辍学？无论如何，有很多现象都说明农村基础教育水平的确不如城镇，结论怎么就不对了呢？

常识是人类知识积累的一种方式，代表的是社会对知识的共识。知识的基础就是约定俗成。没有人能通过个人经验获得所有知识，人们必须相信他人的知识才可以获得更多的知识。从有思维能力开始，我们就在了解他人对事物的认知，从父母到老师、从传说到书本。因此，人们对事物的了解、知识的积累，一般是通过常识和专家来实现的。

问题是，常识并不总是知识，专家也并不总是对的。这就有了人们获得知识的另一些方法，包括直接从经验中认识事物，获得事物的真相。譬如，人们对冷热的感知。当个体经验与既有常识或知识发生冲突时，人们就开始了另一个艰难的旅程——对真实的探索，这就是科学研究。

自从科学进入社会生活以来，很多人都相信，科学既可以检验约定俗成的知识，也可以把人们的经验或体验提升为知识。一个知识必须言之成理，也必须符合人们对世界的感知。

上一节提到的课堂上的结论看起来符合人们的观察和感知，听起来也言之成理，问题是，它揭示了社会的真相吗？为了检验人们通过社会观察所得出的结论的真实性，社会科学家们发展了一整套方法，包括理论探讨、数据搜集和分析。社会学就是要在常识之中寻求日常生活真正的意义。现在我们就来看看,上一节中提到的课堂上的结论到底错在哪儿?

对结论的分析至少可以从 4 个方面入手:(1) 调查设计有没有问题,有没有穷尽想要了解的社会现象;(2) 数据有没有问题,搜集到的数据能不能代表想要了解的社会现象;(3) 分析有没有问题,是否正确解释了数据的社会意义;(4) 结论有没有问题,结论是否可以被数据证明。

根据调查内容,我们要了解的是班级城镇和农村学生的性别比。我们都知道,中国户籍制度要求每个人必须有户籍,在户籍中又分两个基本类群,一个是农业户籍,另一个是非农户籍。根据××大学入学程序,坐在教室的学生一定有户籍,且只能属于两类户籍中的一类。另一点非常清楚的是,尽管现在已经有了变性人,但在社会定义中,人类仍然只有两种性别:男、女。变性人其变性后的性别也仍然只能属于男女两性中的一性。显然,调查设计已经穷尽了涉及的社会现象,通过分组,没有一人游离于四组之外。因此,调查设计环节也得到了检验。也就是说,仅就户籍和性别而言,调查设计没有任何问题。

那么数据有问题吗?我们调查的是班级状况,只需进一步问一个问题,那就是,同学们都到齐了吗?进一步的调查使我们知道,班级共有 43 人,其中 2 人为留学生,不是中国国籍,不属于调查范围。也就是说,在调查中我们遗漏了应该被列入调查的 6

位同学。如果纳入 6 位没有到场同学的户籍和性别状况,表 1-1
的结构便发生了根本的改变,见表 1-2。

表 1-2　某班全体同学户籍类型和性别分组表

	男生	女生	合计
城镇	10	13	23
农村	9	9	18
合计	19	22	41

资料来源:××大学社会学系课堂调查,2001 年 10 月

　　为了讨论方便,我们要引入社会学的一些基本概念(con-
cept)。在社会学中,课堂上的人数和班级符合调查要求的人数
都有专门的名称。课堂上被调查的是样本(sample),班级符合被
调查条件的是总体(population)。在所有调查中,样本是被用来
代表总体的研究对象;总体则是被研究对象整体。获得样本的
过程是抽样(sampling);被用于抽样的、符合研究条件的对象列
表(或总体列表)被称为抽样框。我们要调查的内容(同学们的
户籍状况和性别)是变量(variable)。

　　如果我们的调查仅仅限于这个班,那么全班 41 名学生便是
总体。从表 1-1 来看,在课堂接受调查的学生样本没有很好地代
表总体。原因是我们没有选取能代表总体的样本。因样本不能
很好地代表总体所产生的误差,就是抽样误差(sampling error)。

　　现在,让我们回头来看看数据对结论产生了什么影响。直

观地看,结论至少有两个疑点。第一,从表 1-2 来看,女生的总人数多于男生,不能得出中国男性接受基础教育好于女性的结论;第二,来自农村的男生和女生的数量是相等的,不能得出结论说,在农村,女性接受基础教育比男性差。由此可知,抽样误差使样本不能代表总体,导致了错误的结论。

数据分析是否还有其他问题呢?回答是肯定的。如果仅仅就这个班而言,缺席同学的数量已经提醒我们,在课堂 35 名学生的性别和户籍不能代表班级 41 名学生,样本具有严重的偏差。由此我们联想到一个相似的问题:班级的状况能代表中国的状况吗?答案是否定的。因为这仅是××大学社会学系的一个班,这个班并不是通过严格抽样程序获得的样本,班级 41 名学生所携带的两个变量属性值(attributes)不足以代表中国基础教育总体的状况。

为什么这么说呢?根据中国初等和高等教育制度,所有希望获得大学入学资格的高中毕业生必须参加高等学校入学考试;在考试阅卷结束后,各省市依教育部的规定划分获得入学资格的基本考试分数线和不同类别学校的录取分数段;考生根据自己的意愿填报希望进入的学校和专业;各大学和专业进行录取;接到××大学社会学系录取通知书并到校报到的人,才成为了班级的一员。在如此复杂的程序之后,同学们才来到了同一个班。在这些程序中,没有一个程序满足有代表性抽样规则。

它意味着班级的状况根本无法代表总体。

即使只考虑高考因素（将所有参加高考的学生当作总体），如果要使班级状况能代表"中国"，也必须满足以下条件：(1) 统一命题；(2) 统一阅卷；(3) 统一入学分数线；(4) 超过入学分数线的考生都填报××大学社会学系。显然，实际情况无法满足任一条件。

即使 4 个条件都满足，当我们用"中国城镇基础教育状况"或"中国农村基础教育状况"的表述来做结论时，也超出了参加高考的群体，总体不是所有考生，而是接受基础教育的群体。中国的基础教育包括了从幼儿园到高中的多个阶段，也就是说，上面结论针对的是多阶段教育的群体。根据 41 名学生的户籍和性别状况来对接受基础教育的群体做结论，能够获得正确结论吗？根本不可能。

现在，假设样本能代表接受基础教育的群体，问题也仍然存在。第一，"基础教育状况"和"接受基础教育的状况"到底指什么？这两个表述显然不是一回事。前者指从幼儿园到高中的整体状况，需要运用从基础设施到课堂教学的一系列指标；后者单指受教育者的状况，是反映基础教育状况的一个维度，也需要一些具体指标。第二，"好于"指什么？指接受基础教育的人数多？成绩好？在学巩固率高？还是高考录取率高？非常清楚的是，它不是一个或两个指标能够解释和评价的问题。

　　总起来看，从这个案例，我们至少可以归纳出三点错误。

　　第一，概念不清。和其他任何学科一样，在社会学研究中，为了叙事的简捷，需要使用定义清楚的概念。举一个例子，假设有这样一个结论说：许多刚到北京的南方人都接受不了北京人的"大爷劲儿"。如果你来自安徽，但是你并没有接受不了北京人的"大爷劲儿"，你会有什么反应？是不是会说，"我不觉得啊!"当你做出这样反应的时候，就已经把自己归入了"南方人"的行列。"南方人"不仅是一个地理区分，而且指具备某种社会特征的一类人。概念就是用于抽象概括事物的同类属性和特质的术语。在上面的例子中，学生们在做结论时并没有对"基础教育状况"和"接受基础教育"进行清楚的定义，而是把这两个概念与是否成为班级成员混为一谈了。由于是否成为班级成员要受多种非"基础教育"和"非基础教育状况"因素的影响，两者根本就不属于同一类事物。

　　第二，总体不明。与概念不清直接关联的是，学生们并不清楚结论的对象是什么。当使用"基础教育状况"概念时，涉及的总体包括了幼儿园、小学、初中、高中等 4 个阶段各年级在学人员动态；其中，任何一个年级的在学人员都不足以代表"基础教育状况"总体。在这样的情况下，学生们的做法是用一个班级代表一个虚无的总体。

　　第三，推论错误。从总体与样本的关系来看，总体不明的另一面是样本偏差；从抽样来说，是抽样误差，获得的样本不能代表总体。由于在做结论时根本不清楚总体，那么，抽样误差也就无可避免。如果在这个时候还不刹车，还要根据"偏差"样本对总体做结论，那么就犯了在获得结论时很容易产生的简化论错误，即把只能来自一个班的结论推广到了整个参加高考甚至接受基础教育的群体。

为什么会产生简化论错误？这是因为，在分析时，我们混淆了分析单元(analysis unit)。社会学研究要求任何结论都必须基于一定的分析单元。所谓分析单元，是指用来考察和总结同类事物特征并解释其中差异的单元。常用的分析单元有个体、群体、组织、社会人为事实等。把来自狭小范围或特殊群体的结论推论到总体就是简化论。譬如，每每新闻中说北京哪里的坏事是河南人干的时候，就会有人针对河南朋友说："你看，又是你们河南人！"这就是典型的简化论。

与之相反，把在高层次分析单元中获得的结论用来解释低层次分析单元现象时，就犯了"区位谬误"错误。举例而言，假设我们要了解不同城市的犯罪率。通过公安部门的统计数据，我们发现接受农村流动人口多的城市比接受农村流动人口少的城市有更高的犯罪率，由此我们得出结论认为进入城市的农村流动人口越多，犯罪率越高。这就是典型的区位谬误。以公安机关数据为依据讨论的是城市的犯罪率，研究单元是作为整体的城市,而不是进入城市的农村流动人口群体。可我们的结论针对的正是城市中的一个群体。因为,我们只知道接受农村流动人口的规模与犯罪率高低有一定的关联,并没有证据显示犯罪活动都是农村流动人口干的。

那么,这个案例到底告诉了我们什么呢?

第一,常识并不总是对的。这里,我想借用社会学研究的一个经典案例。在第二次世界大战期间,史托佛(Samuel Stouffer)及其同事发现,对如何提升军中士气,人们有很多常识性的见解,譬如晋升会影响士气。当有人晋升而且晋升制度也公平时,士气就会提升。因此,常识倾向于认为,如果晋升缓慢就是制度不公平;如果晋升迅速就是制度公平。问题是,果真如此吗?

史托佛及其同事比较了美军中晋升最缓慢的单位(宪兵)和晋升最快的单位(空军特种兵)。按照常识性的看法,宪兵应该认为晋升制度不公平,而空军特种部队应该认为晋升制度公平。不过,史托佛等人的研究却得到了相反的答案。

根据默顿(Robert Merton)的参照群体理论,一般人评断自己生活的好坏,往往会和周围的人比较,周围的人就构成所谓的参照群体。这正好解释了史托佛观察到的现象,宪兵的参照群体是宪兵。尽管某人很久没有晋升了,由于大家都没有晋升,所以并没有觉得不公平。空军特种部队成员的参照群体是自己的队友,即使某人在短期内多次晋升,由于他随便就能找到一个比自己差却晋升更快的例子,所以也会觉得不公平。

第二,数据并不总是有社会意义的。学过初等数学的人都知道,数是对事物的抽象,当人们要使数据有意义时,必须把数据放到具体社会情境中。也就是说,数据的意义不在数据本身,而在于数据所代表的社会现象。

还是以前面提到的课堂调查的几个数据为例,试想我们用它能解释什么呢?试试看?我们是否可以说,在课堂上,来自城镇的男生人数最多,来自农村的女生人数最少,的确,这样的表述没有任何错误。可又有什么意义呢?多了如何?少了又如何?能够解释社会生活中的什么现象?但如果我们把几个数据放到该年××大学整个社会科学的招生背景下考虑,并假设课堂上的人数是班级全体人数,而且各个学科分自愿的录取比例相等,情况又会怎样呢?我们至少可以讨论,在××大学社会科学各系的该年招生中,哪些系、专业最受哪个群体认可(无论是出于什么原因)。

再举一个例子,某报曾经有这样的报道:某日江苏省9所高校百年庆典。在整个"九校百年"庆典过程中,参加庆典活动的各校新老校友将达8—10万人,其中包括约1000多名原中央大学的高龄校友、港澳台及定居国外的校友;此外党和国家领导人、近200名两院院士、近100名中外著名大学校长也将应邀参加庆典。

这篇新闻报道中列举了参加庆典的人数、高龄校友的人数、院士人数,可是这些人数又能够告诉我们什么呢?如果想表达的意思是人数多,8—10万、1000多名在什么意义上多呢?如果想表达的意思是影响大,近200名院士、近100名中外大学校长能够表达这样的意思吗?如果要理解这些数据的社会含义,我们必须把它放到具体社会情境中进行考察。譬如,至少把8—10万人放到九校百年毕业学生的人数,或南京城常住总人口的人数,或南京流动人口的人数等背景中考察;或把200名院士放到中国院士总人数的背景下考察。如果不是这样,这些数据就没有了社会意义。对于社会学家而言,没有社会意义的数据只能是游戏。

第三,对数据的错误解释经常发生。还是让我们用例子来说话。某新闻报道说,经过一年的税费改革,某区农民人均负担比改革前合同内减少66.07元、合同外减少93.96元,减少率达55.01%,并由此得出结论说,农民兄弟从税费改革中得到实惠后,生产积极性高涨。先不说"生产积极性高涨"如何测量,只看减负与生产积极性之间的关系我们就会发现,作者把减负当作了影响生产积极性的唯一变量或关键变量,显然不符合实证逻辑,也不符合我们的日常观察。负担是影响农民生产积极性的一个因素,但不是全部因素,甚至不是关键因素。正如某位重量级的人物把中国农民收入低问题仅归因于农产品价格不合理一样,把农民生产积极性问题仅归因于负担问题,也是荒谬的。

因此,错误地运用数据只有两种可能,第一是对数据无知;第二就是有意欺骗。

类似的对数据的错误理解、错误解释、错误应用在我们的日常生活中随处可见,而由此产生的危害也不可低估。那么,我们是否要因噎废食、不要数据,干脆讲故事或进行逻辑演绎呢?答案是否定的。数据是社会生活中不可缺少的要素,社会学研究正是要从一个侧面使人们能够认识数据背后的社会意义,理解数据背后的社会因素对社会生活的影响,使人们能够运用数据探索社会生活的奥秘和真实。

三、社会学的数据

在人类的知识积累中,数据只是符号。在社会学中,和其他任何符号一样,数据的意义就在于数据的社会指称,而要获得数据的社会指称,就要有对世界的基本观点。举例而言,同样是对社会现象进行解释,根据宗教教义的解释与依据科学观察的解释所赋予数据的社会意义是完全不同的。当我们把社会学作为一门科学的时候,会发现,社会学对社会现象进行的解释,具有一些重要的特征。

根据多年的探讨和积累,巴比(Earl Babbie)认为,作为一门科学的社会学有一些基本理念。在人们对社会进行研究和总结时，处理的是"是什么"和"为什么"，而不是"应该是什么"或"应该为什么"等问题。在社会学的发展中，人们已经认识到社会学必须探究社会现象的真相和了解影响社会现象的因素，并形成了一个共识，社会学理论甚至整个科学理论都不能使用价值判断，不能用"应该"是什么来描述和解释社会现象。举一个例子，如果我们说"××大学的学生应该是中国最好的学生"，就只是一种猜测或者信仰，而不是科学的判断。如果要说"××大学的学生是中国最好的学生"，我们就必须有一些具体的约束条件和指标。譬如，哪个时期或哪个年级的学生，甚至是哪个层次的学生？我们判断好坏的标准是什么？是录取时的考试平均成绩还是毕业时的能力？

社会学运用数据的一个经典的例子是涂尔干（Émile Durkheim）的自杀研究。在 19 世纪，人们都相信自杀是个人的事，与社会没有关系。不过，涂尔干的研究证明（尽管后来对他的研究有很多批评），某个人的自杀并不构成社会现象，如果有很多人自杀，就不再是个人的事，而是社会现象了。为判断这个社会现象，他提出了一个概念：自杀率。对自杀率的解释不能够还原为个人的心理因素，而必须从社会中寻找关联因素。因此，社会学判断主要帮助人们了解作为社会事实的社会现象和造成社会现象的原因。

如果说自然科学是在寻找自然的规律的话,那么,社会学就是在寻找社会的规律。关于自然的规律,有些非常直观,譬如万有引力可以通过经典实验来体会;对于某种植物的生长规律,人们可以通过实验室或自然环境下的生命周期观察来了解。可是对于社会的规律,人们却很难获得直观的认识。举一个例子,某个企业也许明天就突然破产了,但不是所有的企业明天都会破产;还有,××大学社会学系硕士研究生当年的入学录取分数线为 356 分,上一年可能就不是这个分数线,第二年也不一定。

但这并不意味着社会现象没有规律可循。组织研究的种群生态学理论认为,任何一个组织都会有消亡的一天,对某个企业而言,今天不关门不意味着明天不关门,总有关门的一天。通过社会学家们的努力,甚至可以对不同规模、产业类型的企业进行生命周期预测。就入学录取分数线而言,尽管每年的具体分数不同,基本的规律依然存在。譬如,必须保证所有考试课程的平均成绩在 60 分以上;根据历年的状况,政治课和外语课的成绩不能少于 50 分。

社会规律事实上是存在的。运用某些方法,社会学家不仅有能力观察和了解这些规律,也有能力解释规律的发展和变化。正因为人类有能力理解社会现象的规律性,才有可能对自己的行为产生预期,才使得社会表现出秩序。因此,探索社会的规律是社会学研究的重要理念,也是社会学理论和经验研究的目的所在。基于某个人行为的探讨不可能反映社会总体的规律，所以，社会学家研究的主要是社会群体的行为或模式。即使研究者有时以个体作为研究单元，那也不是以个体作为研究对象；对个体的研究无非是要在群体意义上得出结论。

让我们举一个相关的例子，××大学社会学系研究生入学的录取分数线。虽然每个考生参加考试都会得到一个分数，录取的时候也以这个分数为依据，但是，当说到录取分数线时，就不再涉及每个考生的具体分数了，而是要针对所有被录取的考生进行讨论。我们可以根据每个被录取的考生的分数来计算最低分、最高分、平均分和标准差（所有人的分数与平均分之间的关系）。

再举涂尔干的经典例子，自杀率。人们的自杀会有各种各样的状况，每个人自杀的理由都不一样，每个人自杀时的年龄也有不同。如果只是考察每个人自杀的具体状况，我们就只能得到一些传奇故事；但如果把所有自杀的人作为一个群体，并把这个群体放到不同的社会环境中，我们就会得到不同社会环境下自杀群体（自杀率）的规律。

因此，社会学可以在个体层次上搜集数据，但通常不会针对个体来进行讨论和得出结论，而是要针对群体来探寻社会的规律。

那么，如何探索和发现人类社会的规律呢？试想，一名 10

岁学生在放学路上被人抢劫。如果抢劫的人是被抢者的同班同学,被抢者的家长会如何处理?第一个出现在家长脑海里的念头可能是:要么找抢劫者的家长,要么找学生的班主任。如果抢劫者是成年人,家长又会如何处理?是不是会马上问孩子"那人长什么样?""外地人还是本地人?"等问题,并会马上想到找警察?

在进行这些思考时,我们就已经把抢劫者归入了某种类别,针对不同类别的抢劫者,我们会有不同的处理方式。注意,在我们的思考中,有一个重要的思维转换,当我们知道抢劫者以后,我们的思维已经离开了实施抢劫的具体的人,而把注意力集中到了一类人上。对于同班同学的抢劫,我们将其定义为同学之间的冲突,而且是非成年人之间的冲突,认为可以通过同学家长或班主任来解决问题;如果是成年人实施抢劫,我们会将其定义为刑事犯罪,只能由专门的执法机构来处理。相同的行为,由不同类型的人来实施,就会有不同处理方式。这里,抢劫者就是社会学家用来思考的对象,被称之为"变量"。同样是抢劫,可以由不同的人来实施,对象是变化的。再譬如"年龄",在一定时点如 2000 年 11 月 1 日进行第五次人口普查时,每个人都有一个年龄,每个人的年龄或许并不相同。换句话说,一个时点,不同人的年龄是不同的。

社会学研究是对变量(包括变量属性)之间关系的研究,社

会学的结论或理论表述的也是变量之间的关系。在进一步讨论
之前，我们还需要了解与变量有关的两个东西：属性和概念。属
性是事物的特征，如人有各种各样的属性，男人（性别）、河南人
（地域）、农民工（身份），等等。变量是多种属性的组合。人的户
籍也是变量，其属性有农业户籍和非农户籍；性别也是变量，有
男性，也有女性。

属性和变量之间的关系是社会学科学描述和解释的核心。
如上一节，我们用两个变量 4 个数据可以描述班级学生的户籍
和性别构成（表 1-2）。可当我们要解释变量之间的关系时，譬如
解释为什么来自城镇的学生多于农村的时，情况就变得异常复
杂了。最简单的解释也需要我们了解城镇学生和农村学生的高
考志愿填报状况和不同户籍学生对社会科学各学科的态度与预
期。也就是说，我们需要引入其他的变量来解释这两个变量之
间的关系。当社会学家们试图回答"为什么"的时候，常常需要
把变量之间的关系分步骤进行处理：首先要确定一个变量的变
化与另一个变量的变化有关，譬如受教育程度与犯罪率的关系，
通过比较受教育时间的长短与犯罪率之间的高低来确定两者之
间是否有关系；如果受教育时间缩短伴随的是犯罪率上升，那么
我们就确定两者之间有关系。其次还要确定两者之间的关系是
一种什么样的关系，譬如受教育时间短暂是否导致了犯罪，其中
涉及一系列的逻辑实证。在这个过程中，社会统计学扮演了重

要角色,由于社会现象很少只受单一变量的影响,因此,对具体现象的分析往往要涉及多个变量。在多变量分析中,社会统计学是有效的工具,大数据挖掘也是有效的工具。

尽管社会学描述与解释的核心是变量关系,变量的来源却是概念。在社会学研究中,概念是对同类现象的抽象概括。举一个例子,"同学"就是一个概念。当有人说"他是我同学"时,人们已经明白,他俩曾经在一个学校甚至教室里上过课。这是人们对"同学"的一般定义。但对社会学研究而言,这样的概念并不能够告诉我们更多信息。我们的疑问是,偶尔一次在一起上课算是同学?还是共同上过一门课程或同班、同年级才算是同学?对这些问题的回答,在社会学研究中被称为概念的"操作化",目的是将一个含义不是十分清楚的概念变成可以测量的概念。当把可以测量的概念运用于社会学数据搜集和分析时,这个概念就被称之为"变量"了。

也正是在把人们日常的模糊印象、观念、概念进行操作化的过程中,社会学家获得了观察社会的基本工具:对变量的测量;也正是在对变量的测量中,来自具体社会现象的数据被赋予了科学意义、社会意义。数据之间关系的社会意义,构成了社会学解释的重要基础。

一般而言,获得具有科学意义的数据和对数据之间关系的社会意义进行解释,通常要经过几个阶段:

第一，要弄清楚研究的问题（research question）。举例来说，我们希望了解户籍对高考考生选择社会科学的专业具有怎样的影响，这就是一个可以研究的问题；如果说我们希望研究城乡差别与高考志愿填报之间的关系，情况就复杂了，甚至是一个不可以研究的问题。这是因为对"城乡差别"的操作化是一项不可能的任务。

第二，我们要对两者之间的关系进行系统考虑，如不同户籍的考生是如何选择社会科学专业的，他们会考虑哪些因素，在他们考虑的因素中，哪些会直接影响他们的专业选择。譬如，农业户籍考生是否会更倾向于应用性的专业，城镇户籍考生是否会更倾向于根据自己的兴趣进行专业选择等。

第三，对整个研究过程进行详细设计，包括如何搜集数据，如何分析数据，如何在不同的变量之间建立关系等。针对这个例子我们要考虑，中国有众多不同层级的行政区域，是研究局部还是整体？经费是否足够？在什么时间做？如何获得样本？如何使样本具有代表性？运用什么样的手段搜集数据？如何检验数据的可靠性和准确性？如何整理数据？用什么策略分析数据？在什么样的研究单元运用分析的结果得出结论？等等。都需要进行认真地思考。

第四，搜集数据。在我们的例子中，假设我们只考虑××大学的社会科学专业，而且只采用问卷调查方式搜集数据，此外，还假设我们已经获得了样本清单,我们便可以按照样本清单发放问卷,规定回收时间和方式,通过各种方式保证绝大多数的问卷能够回收。

第五,分析数据。此阶段要根据第二阶段的思考对数据进行分析。譬如,分户籍对影响考生专业选择的因素进行多变量统计分析,然后再比较不同户籍的影响;或者采用其他方法,如把户籍作为一个二分变量,分析在所有涉及专业选择的影响因素中,户籍的影响到底有多大。

第六,解释结果的社会意义。从研究问题出发,通过分析(无论是什么样的分析),我们要解释的是户籍对考生专业选择到底有什么样的影响,明确地解释户籍与专业选择两个变量之间的关系,譬如有或者没有、有多大、有什么样的关系等。

第七,应用研究的成果。在最抽象的意义上,社会学研究的目的是进行科学探索和知识积累,但每个具体研究却有具体的目标,应用的方式也不相同。如果根据是否发表来分类,就只有发表和不发表两种应用方式。许多的研究成果的确是以发表为目的的。研究成果的发表一方面是把自己的思考提出来让有兴趣的人检验,另一方面是作为未来自己和他人进一步研究的基础,这就是知识积累。不过也有人把所发表研究成果的数量和质量当作确立学术地位的重要标准。在西方人的眼里,社会学同其他所有学科一样,"要么发表东西,要么销声匿迹",这不是一句口号，而是代表一部分人的生活方式。

当然，也有一些研究成果并不是以发表为目的，譬如评估研究。针对某项政策或社会项目的评估研究，目的不在于发表研究成果，而在于改善政策或项目，进而改善人类的生活质量和人类的环境。在这类研究中，是否发表并不重要，在某些情境下，有些成果甚至不宜公开发表，譬如涉及国家安全的研究成果就不宜公开发表。重要的是，是否能够为项目改善做贡献。

四、获得数据的基本方法

在社会学研究中，获得数据的方法非常多，从做"有心人"的观察到系统、复杂的普查；从简单的访问到深入细致的访谈；从检视文献、档案到控制实验，都可以为研究所用，我们一再讨论的课堂调查就是获得数据的一种方法。

无论采用多么简单或多么复杂的方法，都离不开人的感官。眼睛和耳朵是获得社会学研究数据的基本感官，其他方法都是这两种感官的延伸。为了便于理解，我们从最直观的方法开始，介绍一些社会学研究常用的方法。

人感知世界的第一器官是眼睛。为了了解和解释社会现象，社会学家发展了一整套运用眼睛来搜集数据的方法，我们称之为"观察法"。

社会学研究的观察与日常生活的观察一样，都要运用眼睛来了解事物，但两者的不同之处在于：首先，日常生活的观察围绕着琐碎的目的，譬如服装的流行款式、天气的变化、人的气色等；社会学的观察却是系统地考察具体的社会现象。举例来说，如果研究者要了解农民工的日常生活，就要对具体农民工群体进行一定时段（或许是一个星期，或许是几个月）的细致观察，把他们每天 24 小时的活动了解清楚。如果要研究人们对某个产品的购买行为，就要到具体场所对购买该产品的所有人员进行观察和详细记录，了解具体变量属性。因此，为了满足研究要求，研究者必须制定严格的观察程序，系统地观察研究对象，并进行详细地记录。

其次，为了进行系统观察，研究者要运用一定的、能够观察到研究对象的场所，而且不能对观察对象实施任何干扰。还用上面的例子，在观察农民工日常生活时，我们必须到农民工生活的场景譬如工地去，否则我们将无从了解农民工的日常生活。但同时，又不能因为我们的观察活动而使农民工的日常生活有任何的改变，否则，我们观察到的就不是真实的现象，而是"表演"，自然也不能达到研究的目的。

为了理解方便，研究者从不同角度将观察划分了几种类型。譬如根据是否是人为场景的观察将观察活动分为实验室观察和实地观察。许多研究都要采用人为场景（场景本身成为变量或在场景里的活动成为变量），譬如实验室对接受实验的群体和作为对照的群体进行细致观察，通过比较实验群体和对照群体的观察结果来探讨实验因素的影响。举例而言，如果要了解办公区域布局对工作效率的影响，我们可以将原来在同一个办公空间的人群随机分为两个组，一个组在原来的办公区域布局中继续办公，另一个在新办公区域布局中办公，通过比较人们办公行为的变化，探讨办公区域布局对办公效率的影响。这样的观察相当于把办公室当作实验室来对人们的行为进行系统观察。

研究者到研究对象的具体活动场景去观察，就是实地观察。对农民工日常生活的观察就是实地观察。典型的实地观察的例子如费孝通的乡村观察。1936 年，费孝通在江苏吴江开弦弓村进行了月余的实地观察，写成了《江村经济》，系统地分析了开弦弓村农民的日常生活。

此外，研究者还依据是否参与到研究的社会情境中，把观察分为参与观察和非参与观察。顾名思义，参与观察是研究者参与研究的社会情境，变成研究对象群体中的一员，并试图用对象群体的眼光来了解研究针对的社会群体。其中，还根据是否在研究场景公开研究者的身份而分为公开性的参与观察和隐蔽性的参与观察。

在参与观察中，研究者常常面临两难选择。如果采用公开性的参与观察，研究者就必须考虑"霍桑效应"对研究结果的影响。1930年代早期,一批研究企业管理的学者在西方电气公司位于芝加哥的霍桑工厂进行实地观察,探讨影响生产效率的因素。其中的一个观察项目是测试车间照明状况对生产效率的影响。经过一段时间的观察,研究者发现,无论是增强车间的照明,还是减弱车间的照明,生产效率同样增加。研究者们感到蹊跷,通过访谈才发现,效率之所以提高并不是因为照明条件的变化,而是因为工人们知道有人在对他们进行观察。这就是所谓的"霍桑效应"。如果不公开而采用隐蔽性观察,研究者又面临严肃的道德问题:为了观察研究对象,研究者是否有权欺骗被研究者,并且进入他人的生活或工作场景? 实事求是地说,这样的两难对社会学而言,已经争论了许多年,而且还会继续争论下去。

非参与观察是研究者不参与到研究对象的社会活动和社会情境之中所进行的观察。譬如,对某个十字路口人们过马路行为的观察就没有必要让研究者也像被研究对象那样在马路的十字路口窜来窜去。

除了利用自己的眼睛以外,研究者还可以利用他人的眼睛,甚至耳朵,最典型的方法是问卷调查,也是社会学研究普遍采用的方法之一。问卷方法适宜了解研究对象的意见、态度、行为,也适宜了解事实。

如何实施问卷调查呢? 让我们举一个在本章已经有所讨论

的例子。如果要探讨户籍类型与专业选择的关系,首先我们需要确定研究范围,识别调查总体,要调查全国的、某个地区的,还是某所学校的。这里,让我们假设我们只希望调查某所学校。

接下来,我们需要确定的是,是要调查所有社会科学专业的学生,还是从中抽出一部分样本进行调查。假设××大学社会科学本科学生四个年级的总人数为4000人,显然,对4000人进行问卷调查需要花费相当的时间和精力。从问卷调查发展的历史来看,只要有足够的代表性样本,没有必要进行普查式的、针对每一个对象的调查。现在的问题是如何选择足够数量的、有代表性的样本。我们可以尝试分专业和年级来进行随机抽样。当然,抽样是一门专门技术,我们不可能在这里进行细致的讨论。但可以告诉大家一个简单的事实,在美国,每4年针对总统选举的调查中,选民的人数大约9000多万,通过调查预测的各候选人得票率与实际的得票率的最大差距不过2%—3%(偶尔的失误除外),绝大多数情况下与实际得票率基本一致,而满足这一需要的样本量不超过2000。

在获得样本之后,研究者要将精心设计的问卷通过适当方式运用到调查对象身上。问卷调查的形式多样,包括有专门调查人员的调查:面对面访问、电话访问等;没有专门调查人员的调查:邮寄问卷调查、网上填答等;运用计算机辅助技术的调查:计算机辅助面访、计算机辅助电访等,不一而足。待调查问卷完成收回之后,就获得了我们需要的原始数据。涉及问卷设计、问卷测试、问卷发放与回收、问卷可靠性检验的各种方法,也属于专门技术,也需要专门学习和训练。这里,我们只需要了解这个过程必须按照严格的程序执行和完成,并尽量回收每一份问卷和使每一份回收的问卷成为有效问卷。

回收问卷获得的是分散的数据。要获得可以使用的数据,需要把所有问卷的数据汇集起来,譬如得到某个变量的所有数据。汇集数据的过程被称之为数据整理。整理的方式也是多种多样,也是一门专门技术。最普遍的方式还是利用计算机,将数据变成各类统计工具可以使用的数据格式。到此,问卷调查的数据搜集工作才算完成。

还有一种搜集数据的方式就是文献调查,也称为"二手资料分析"。搜集实地数据只是收集数据的一个途径,另一个重要途径是搜集已有数据,对已经存在的文献进行搜集整理和分析。一个典型的例子是托马斯(W. I. Thomas)和兹纳尼茨基(F. W. Znaniecki)的《波兰农民在欧洲和美国》。

只要我们是社会学的有心人,便可以从媒体、各种私人文件、组织档案、历史文献中搜集大量的研究数据。这方面典型的例子是中央政府每10年一次的人口普查。在普查表中包含了许多可以用于社会学研究的数据,譬如年龄、性别、受教育程度、家庭人口及其关系构成、职业等。还有,各级政府每年都要出版的统计年鉴包含了各种社会信息,如受教育人口的变化、家庭收入的变化、职业人口的变化等。

不同于实地数据的是,对文献数据的分析既可以采用定性的方法,如历史分析、过程分析;也可以采用定量的方法,如内容分析、数据建模。譬如有人详细考察了不同时期电视节目对男性和女性的描绘;也有人系统分析了电视节目插曲的变化;还有人仔细研究了贺卡上表达爱情的频率和方式,不一而足。

除此以外,还有其他搜集数据的方法,如访谈、实验、评估等。不同方法之间也不是泾渭分明的。在具体的研究中,往往多种方法混合使用,而不局限于一种方法。在问卷调查中也可以使用访谈法来获得问卷方法无法获得的、对研究目标非常重要的数据;在实地观察中,也可以采用简单的问卷来了解态度、观念等方面的数据,进而获得对研究群体的总体了解。

事实上,任何一种具体方法都有特定的局限性。就观察法而言,无论采用什么形式的观察,都难免会遇到困境,特别是在融入被观察的人群以后,很难保持研究甚至观察活动的客观性。还有,如果不辅助以其他方法,仅采用观察方法就只能获得人们行为的表观性数据,对其他数据就无能为力了。

就问卷调查而言,它能获得某些方面的准确数据,但另一些方面的数据是否准确就不一定了。举一个例子,使用问卷调查北京市民对农民工的态度,不一定每个被调查对象都会如实地反映自己的真实想法。如果人们不能反映自己的真实想法,调查也就失去了意义。还有,某种社会现象的深层历史或过程,我们不能通过问卷方式获得,而必须求助于其他的方法如深度访谈。

就文献调查而言,一个重大的局限是我们只能依据既有文献,而且对文献数据的信度测量也是一个费时费力的过程。文献数据的另一个局限是数据的可及性,当我们追踪某个社会现象时,却突然发现资料出现了缺陷,如不存在、残损、保密等。

因此,正确了解每种方法的长处和短处,根据具体研究问题选择适当的数据搜集方法,不仅需要训练,也需要经验。积累经验最好的方法就是不断地从事科学研究,从实践中积累和创新。

五、赋予数据以社会意义

获得数据的过程虽然也是研究活动的一部分,但不是全部。前面的讨论非常清楚地说明,数据本身没有意义。而要获得数据的科学意义,就要对数据的社会含义进行挖掘,寻找变量之间的关系模式,这是社会学研究的攻坚阶段。

探讨数据的科学意义并没有什么妙方,如果真的有什么固定的、成型的、模式化的方式,那么社会学就不成其为一门科学,而只是一门技巧了。当然,这并不是说对数据科学意义的探索是随意的、无规律可循的。如果果真如此,社会学就是艺术而不是科学了。事实上,对数据科学意义的探讨也有一些共同的策略,如基本分析、比较分析和反复分析等。

当我们获得了基本数据以后,需要对数据有一个总体了解。还是用户籍与社会科学专业选择的例子。假设回收后的问卷已经过整理,建立了可以用于定量分析的数据集,此时,我们可以对数据数值的分布进行总体性了解。举例来说,我们希望知道农业户籍学生选择社会科学专业的状况。假设在 3600 份有效问卷中,有 1200 份属于农业户籍。我们需要知道的是,在 1200 人中,有多少人选择了什么专业。在概括性研究中,我们把这样的分析称之为"分布"分析。

接下来,假设我们希望了解 1200 人的年龄状况,便涉及集中趋势分析和离散趋势分析。所谓集中趋势,在这里是指 1200 人的年龄向某个年龄集中的状况,包括平均年龄和接近平均年龄的人数(社会统计分析中常用中位数、众数来表达)。

平均数的优点是将原始数据简化为最易操作的形式:用一个数据(或属性值)来表示某变量的基本状况,譬如农村学生的平均年龄小于城镇学生会引导我们探讨这是因为农村初等教育的学制短,还是因为农村学生入学早,或者两者都有。但同时,它也掩盖了数据的原始分布状况。为了弥补这一缺陷,研究者们提出了另一种了解数据归纳性的方法,这就是"离散趋势"。

最简单的离散测量是极差:最大值与最小值之间的差距;较为复杂的离散趋势分析如"标准差"分析。此外,还有一些测量离散趋势的方法,如四分位法。

如果不是定量数据,也需要对搜集到的数据进行总体了解。在理念上,对非定量资料的归纳性研究与定量资料是一样的,可以采用的基本方法是分类。分类的标准就如定量数据中变量选择一样,不同类别的状况,也表达了集中或者离散的趋势。

在获得了对数据的归纳性理解后,就可以采用更具体的分析方法如假设检验、详析、比较分析。以比较分析为例,大多数社会学研究都多少包含一些比较,当把比较分析作为主要分析策略时,一般指的是包括可比变量的比较。如,可以对非农户籍与农业户籍群体对社会科学各个专业的选择进行比较;也可以以具体社会科学专业为单元,对非农和农业户籍群体进行比较。除了比较同一时期的群体以外(截面数据比较),还可以追踪某个群体的历时变化(同期群比较),如比较某个年级毕业生在毕业后 10 年、20 年的社会生活;也可以对某个社会科学专业学生历年的户籍分布进行比较。当然,研究者还可以事件为主轴进行历史的宏观比较,一个典型的例子是斯科奇波尔(Theda Skocpol)对中国、法国、俄国革命的比较。

除此以外,对数据的科学意义还有很多具体分析策略,每种策略的应用与数据状况和研究问题有关。针对具体问题的分析常会不局限于一种分析策略。在大多数的情况下,对数据的分析会用到多种分析策略。

无论采用什么分析策略,社会学研究的目的之一是通过赋予数据以科学意义来增进人们对社会的了解,并获得知识的积累,而赋予数据意义的基本功正是费孝通说的社会调查。

社会之学

群学何？用科学之律令，察民群之变端，以明既往，测方来也。肄言何？发专科之旨趣，究功用之所施，而示之以所以治之方也。

——严复《群学肄言·译序》

　　严复(1854—1921,字几道），中国近代启蒙思想家、翻译家,传播社会学的先驱。

社会学家经常要面对的一个难题是，很难用简单的话语向人们解释清楚什么是社会学。出现这种难题的原因不是社会学本身有多艰深、多复杂，以至于其基本道理无法用简单语言来表达；而是恰恰相反，社会学离我们的日常生活、工作和学习太近，社会学研究的对象大都是伴随在我们周围的日常社会现象，有些现象在一般人看来简直再平常不过了，看不出什么意义。恰恰是这些日常生活中容易被人们视而不见的社会现象，构成了社会学研究的基本对象，构成了社会学家的基本兴趣点，譬如爱情、婚姻、家庭、教育、健康、信仰、宗教、劳动、经济生活、权力、时尚、流行、自杀、犯罪等，都是社会学研究的经典议题。要把一般人认为没有道理或不需讲道理的事情说出一个道理来，并且证明人们的许多日常观察和习以为常的事物存在疑问甚至根本有问题，的确不是简单的一两句话就能让人信服的。

上一讲，我们运用一些具体事例试图说明社会学研究在思维模式上的特点，说明数据与社会、与社会学研究之间的关系，尤其是针对一些人把数据本身当成社会学,甚至把搜集数据当作社会学研究的误解,阐明了一定要把数据放到社会中去,赋予数据以社会的、科学的意义,用社会的数据解释社会的现象,那才是社会学家的思维和社会学研究。同时,我们也留下了两个问题,那就是,为什么不能把社会学等同于哲学,为什么不能把社会学视为讲故事。这一讲,我们将回顾社会学的发展历程,社会学与邻近学科的关系,进一步探讨社会学的基本特点,并结合第一讲,为读者勾画社会学的学科形象。

一、从哲学中脱胎

一个学科的诞生,总有其特定的历史背景,社会学也不例外。当孔德(Auguste Comte, 1798—1857)1838 年在《实证哲学教程》(*Cours de Philosophie Positive*)第四卷中使用"社会学"(la sociologie)这个概念的时候,他面临着社会和个人的双重困境。

18 世纪末的法国,国王路易十六代表的第一等级(僧侣)和第二等级(贵族)与广大的第三等级(平民)之间的矛盾日益尖锐,社会革命风起云涌。1789 年 5 月,国王被迫召集三级会议,6 月 17 日第三等级宣布成立国民议会,后改称制宪议会。7 月 14 日巴黎人民起义,攻占巴士底狱,革命爆发。8 月 26 日制宪议会通过《人权宣言》。

革命初期，代表大资产阶级和自由派贵族利益的君主立宪派取得了胜利，产生了《1791 年宪法》，要求维护君主立宪政体，反对继续革命。可占法国人口大多数的平民并没有在革命的胜利中分享到成果。1792 年 8 月 10 日，巴黎平民再次起义，推翻君主立宪派的统治，逮捕国王路易十六。9 月 21 日国民公会开幕，次日宣布成立法兰西第一共和国。君主虽然被推翻了，可替代君主上位的却不是革命的平民，而是代表工商业资产阶级利益的吉伦特派（Girondins），他们不愿意继续革命，同时也无力抵抗欧洲君主国家的武装干涉。

1793 年 5 月 31 日巴黎平民第三次起义，推翻吉伦特派统治，雅各宾上台，颁布《1793 年宪法》，废除封建所有制，平定吉伦特派叛乱，粉碎欧洲君主国家的武装干涉。雅各宾派并未废除反劳工的《列·霞飞法》和《农业工人强迫劳动法》，并残酷镇压其他派别的反抗，实施恐怖专政。

1794 年 3—4 月雅各宾内部走向分裂和内讧，内部的混乱加上外部由各封建郡主组织起来的反法联盟的围剿，使得雅各宾政府岌岌可危。1794 年 7 月 27 日"热月"政变（la Convention thérmidorienne）发生，雅各宾派倒台，热月党人成立了新的革命政府，他们中止了雅各宾派的激进与恐怖专政，建立了资产阶级的共和政体，但此时，反法联盟的围剿并没有结束。在对付反法联盟的围剿过程中,军人势力壮大,1799 年 11 月 9 日,拿破仑发动"雾月"政变(Coup d'État du 18 brumaire),结束了热月党人的统治并上台执政。

法国大革命彻底地结束了法国一千多年的君主专制制度,催生了一个新时代。托克维尔(Alexis de Tocqueville)在他的《旧制度与大革命》中极力证明了只有法国大革命才能扫除流弊、解放平民。同时,他也尖锐地指出,大革命恢复了旧制度的全套政府机器,建立了比旧专制制度更合逻辑、更加平等,但肯定也更为全面的专制制度。

法国大革命的影响是深远的。有人说大革命对宪政制度的影响大约持续了一个世纪,对经济的影响则是灾难性的,而对社会的影响更是广大,尤其是资产阶级登上历史舞台和大革命的精神(自由、平等、博爱)简直就是现代社会的两大支柱。

尽管今天我们可以在各种情境下奢谈大革命的各个方面,可对于生活在当时的人而言,他们不得不面对革命带来的各种影响。社会学正是在这样的环境下孕育的。1798 年,孔德出生在一个中级官僚家庭,在上中学的时候,他放弃了父母信奉的天主教,开始接受自由和革命思想。可是,在他进入巴黎综合工科学校以后,便体会到了革命的残酷。1816 年,王政复辟(la restauration)政府怀疑巴黎综合工科学校倾向雅各宾派,关闭了学校。孔德不得不在没有毕业的情况下就开始谋生。

　　早期的生活体验使孔德终身都在探讨稳定、有秩序社会的可能性，也为孔德早期接受圣西门（Henri de Saint-Simon）的科学社会思想奠定了基础。圣西门尽管并不了解科学，却雄辩地论述了科学的重要意义，他的三部主要著作都与科学的主题直接相关：《19世纪科学著作概览》《论万有引力》《论人类科学》。圣西门认为科学家在社会重组过程中将发挥极为重要的作用。1817年，孔德投于圣西门门下，成为他的秘书，在与圣西门的共事中，孔德逐渐接受了科学能够改造社会的思想。1822年，孔德在《工业制度》上发表了《重组社会的必要的科学工作简介》，正式提出科学应该介入社会的重组，"科学家在我们的时代应当把政治学提高到观察（经验）科学的地位"。也是在这个时期，孔德认为神学的和尚武的社会正在消失，科学的和工业的社会正在形成，二者之间的矛盾正是社会动乱的根源。孔德认识到，从一种社会制度向另一种社会制度的转变，永远不可能是连续的和直接的，总有一个过渡的混乱状态。与旧制度的缺点相比，这个无政府的混乱状态却能在更大程度上激励或激发新的制度。在旧制度消灭以前，人们不可能对新制度形成任何适当的态度。因此，一次革命根本不足以在危机中改组社会，人们智识的进步才是保证社会变革成功的条件。从这里，孔德开始了他探索科学与社会之间关系的艰难历程。

　　如果说法国大革命以后的混乱社会是孔德思考科学与社会

关系的诱因的话,那么孔德与圣西门的决裂和家事的不幸则是他渴望安定与安全社会的一种动力。1824 年,孔德由于与圣西门之间发生著作署名纠纷而与之决裂。对此,孔德认为,和一个道德败坏、玩弄手段的人的有害联系,对自己造成了令人不快的影响。就在他与圣西门决裂一年之后,他却宽容地与一个从良的妓女结婚,由此构成了他自己认为的"一生中犯过的唯一真正严重的错误",原因是这位夫人多次出走,1826 年还导致孔德患精神病住进医院。

在这样的环境中,孔德试图用他的实证哲学来解决问题。1830 年《实证哲学教程》第一卷出版,其他几卷历经 12 年全部出完。在《实证哲学教程》中,孔德继续了他早期对科学与社会关系的思考,并使之成为更加系统的"哲学"。其中最重要的是,他提出了三阶段规律和科学分类。孔德认为,人类精神的发展经历了三个阶段。第一是"神学的"阶段,人类把一切事件都归因于生命体和与人类相似的力量;第二是"形而上学的"阶段,人类乞灵于抽象的实体如大自然;第三是"实证的"阶段,人类认识各种现象,并找出现象之间的联系和支配现象的规律。在孔德那里,这三个阶段并不是同时发生的,而是继替的、发展的、进化的。而且,三个阶段的界定只有与科学分类相结合时,才能获得实质性的意义。

与人类社会发展的三个阶段相一致的是人类的智力系统。

为此，孔德提出了一个分类表，根据"一般性不断减少，相互依赖性和复杂性不断增加"的进化路径，对科学作了分类，并认为这个分类系统不仅合乎逻辑，而且也为历史所证明。譬如，数学是所有科学的基础，是最具有一般性的科学，在历史上也最早成为"实证的"科学。接下来就是天文学、物理学、化学和生理学，而最后一门科学是"社会学"，也是所有学科的统领学科。

从这里，我们看到了孔德的进化论思想，而达尔文《物种起源》的出版还在30年之后；我们也看到了圣西门对孔德的影响，同时，我们清楚地看到了孔德的独特贡献。圣西门认为在最后一个发展阶段，哲学变成了拒斥所有不可证实的知识的"科学的"哲学。但是，在孔德看来，把"社会学"确立为"实证的"科学还不是最终阶段，而只有在一切知识都是"实证的"和浑然一体的时候，才进入了科学发展的最后阶段。也只有到了这个阶段，人类才能够认识和理解人和社会的问题与需要，才能了解改造和改善人与社会现状的步骤。

因此，孔德的社会学已经从启蒙时代的哲学中脱胎出来，成为一门经世之学，社会学就是要"按照唯一的目的，合理地协调人类的各种行动"。同时他也看到，要完成这样的协调，必须具备一个条件，那就是，全部的社会成员能够接受实证哲学，并成为一个协调一致的整体。在这样的基础上，孔德描绘了重建法国社会和一般人类社会的宏伟蓝图：建立一种道德共识，建立

"人道教",相信科学而抛弃信仰和教条。

　　需要注意的是,孔德虽然把社会学从纯粹哲学中剥离出来,而且强调社会学的物理学性质,但《实证哲学教程》的论说仍然是哲学式的,仍然在运用演绎的方式阐发对科学、社会以及两者关系的哲学思考。与传统哲学不同的是,孔德讨论的对象更多的是社会,而不是人和人性;更多的是重组社会的构想,而非柏拉图《理想国》式的散论。尽管如此,孔德的社会学仍然残留着哲学的身影,讨论问题的方法仍然是思辨与演绎。真正使社会学从哲学里脱胎换骨的是孔德去世以后的另一位法国学者涂尔干。

二、涂尔干的贡献

　　涂尔干(Émile Durkheim,1858—1917)1858 年生于一个犹太教士家庭,与孔德不一样的是,涂尔干的一生都比较顺利。他中学毕业以后通过会考进入了巴黎高等师范学校,后来又在德国受教于冯特(Wilhelm Wundt),1886 年开始发表文章,1897 年即被任命为教育学和社会科学教授,按照阿隆(Raymond Aron)的说法,涂尔干是典型的法国大学里培养出来的哲学家。

　　与法国学者入世的传统相一致,涂尔干思考的中心问题也是社会的安定与和谐。但他的思考路径与孔德不同:孔德思考的是一个庞大体系。社会作为整体应该如何？怎样重组社会才能使社会免于动荡和混乱。涂尔干采用的则是完全不同的研究路径。在涂尔干接受正式教育的年代，尽管哲学仍然受宠，涂尔干的老师们却并不都是哲学家。他在巴黎高等师范学校时的直接授业教师库朗热（Fustel de Coulanges）是一位历史学家，布特鲁（Emile Boutroux）是一位科学哲学家；在德国时的授业教师冯特是一位心理学家，也是近代心理学的创始人。复杂的教育背景让涂尔干兼容并蓄，阿隆虽然在《社会学主要思潮》中努力证明涂尔干仍然是一位哲学家，可是涂尔干的一系列著作已经向我们证明，是他使社会学从哲学中脱胎换骨，成为近代社会科学中的一个独立学科。

涂尔干的第一个重要贡献是让社会学从孔德的宏大进化体系转向具体社会现象。1888 年他在《哲学杂志》上发表《自杀和自杀率》，此文构成了他 1897 年《自杀论》出版的基础。在这篇文章中，涂尔干试图将某个人的自杀同社会的自杀率区分开来。一方面他强调无论以什么方式（直接的或间接的），无论出于什么理由（积极的或消极的），只要人们知道某个行为将会导致生命结束且实施了，都是自杀；另一方面，对社会而言，在统计意义上，自杀率具有相对的稳定性。这就提出了一个非常有趣的问题，为什么某个人的、不可预见的自主行为会形成稳定的社会现象？涂尔干认为，两者之间一定有什么联系，不是心理学的、不是生物学的,也不是经历的联系,而是社会的联系,这是后来《自杀论》的基本思路。涂尔干摒弃了对某个人自杀的故事式叙述,也摒弃了针对自杀率的数字游戏,认为自杀率是社会现象或事实,并用社会的原因来解释。这就是涂尔干确立的社会学研究方法论。

涂尔干的第一部重要著作是他的博士论文《社会分工论》(*De la division du travail social*)。在这部著作里,涂尔干的基本研究问题是个人与集体的关系。机器工业的发展越来越要求细致的劳动和职业分工,怎样使掉入专业化陷阱的个体在群体层面保持精神和道德的协调一致,进而使社会保持整合的状态呢?

在《社会分工论》中涂尔干使用了一组相对的概念:机械团结(solidarité mécanique)和有机团结(Solidarité organique)。在成员具有很高同质性、个体之间差异不大、人们有着共同生活基础、分享共同道德准则和意识形态的社会,个体之间在精神和道德层面很自然是一致的,没有理由去另外寻找使人们协调一致的东西。人们共同的生活基础是社会团结的纽带,这就是机械团结。农业社会是这种社会协调机制的典型代表。

当机器工业渗透人们的社会生活以后,人们不再干同样的活,也不再因此有同样的生活基础,并且不再分享共同的道德准则和意识形态,个体之间开始分化。个体之间的差异影响到人们之间的协调一致，社会必须有使差异个体在社会的层面保持协调和一致的机制，这就是有机团结，它使得差异就像是有机体的器官，一方面各自发挥各自的功能，另一方面又是有机体不可缺少的部分。

涂尔干认为，无论是哪一种形式的社会整合，都有道德和精神层面的一致。这又指什么呢？不是具体的道德，不是具体的宗教，也不是具体的信仰，涂尔干称之为"集体意识"："一般社会成员共同的信仰和情感的总和。"在《社会分工论》里，涂尔干特别论述了"集体意识"的特征，在他看来，尽管集体意识是社会成员共同的，却并不等于个体信仰和情感的简单相加，集体意识外在于具体的个体，扩散于整个社会空间。个体会消失，但集体意识不会。"集体意识是社会的精神象征，有着自己的特性、生存环境和发展方式。"在这里，涂尔干找到了社会的而非个体的东西。

对社会学而言，《社会分工论》的贡献不仅在于提出了三个重要的概念，而且将社会学引入了对具体社会现象的分析，而不再陷入哲学的思辨与冥想，这是社会学从哲学中脱胎换骨的第二个阶段。

就在涂尔干完成博士论文答辩以后的第三年（1895），他发表了《社会学方法论》，这几乎是社会学的独立宣言，使社会学成为有自己方法论的学科，从哲学和社会哲学中彻底地脱胎换骨。

涂尔干相信,社会包含着比个体成员单纯的行为和意义更丰富的内容,由此,社会学有和其他学科截然不同的研究对象,那就是社会现象。同时,社会学也有不同于哲学的研究理念和方法,社会学将社会现象当作客观事物进行研究,摆脱了先验论的观念和成见,追随科学的理念;就像物理学研究物质世界的规律一样,社会学从外部去观察社会事实。

那么,什么是社会事实呢?涂尔干有一个简单的标准,对个人可以施加外在压力的任何固定或不固定的东西,也就是一个社会普遍却独立存在的、不以个体意志为转移的任何东西(行动方式)。社会事实外在于个体的行动、思考和感觉,是外在于个体生活和感觉的现实。社会事实的另一个特性是它对个体施加外在的强制性力量。如果说人们不承认社会事实的强制性,那是因为人们通常会自愿地按照某种模式的要求去做,并相信自己的行动产生于自我选择。涂尔干论证说,事实上,社会模式就是约束,约束来自于社会事实,社会事实能以多种方式限制人们的思考和行动,针对犯罪的惩罚、针对某些行为的拒绝(如粗鲁行为),甚至对语义的误解,都是社会事实强制性的表现。

简言之,只要对个人产生强制作用的就是社会事实。后来,尽管人们对涂尔干的"强制"产生了歧义和争论,我们却仍然可以观察到,社会学如今的研究主题如社会结构、制度、组织、婚姻、家庭、社会规范等的确具有"强制性"。

当然，涂尔干也承认，研究社会事实并不是容易的事，譬如很多社会事实并不能直接观察，因为看不见、摸不着。这并不意味着不能研究，人们可以间接地分析社会事实或考虑社会事实的表达方式如法律、教义和书面行为准则，进而揭示社会事实的特性。

在研究社会事实时，涂尔干强调了一些基本原则，如对社会事实的观察不能让一般的道德观念甚至任何先入为主的观念介入；不能使用内省法，因为内省只能用于认识精神领域，而社会学要认识的是超精神的领域；注重社会事实中稳定的、规律性的内容；注重社会事实的"非人格"层面等。

简单地比较涂尔干和孔德可以发现，涂尔干的社会学不再是有关道德、正义、价值观的争论，而是针对具体社会现象或社会事实；不再是逻辑的批判和思辨的论证，从《社会分工论》《自杀论》《事实判断和价值判断》《宗教生活的基本形式》的论证方式来看，涂尔干已经奠定了社会学的论证模式，通过对前人的批驳，用社会事实来论证自己的观点，最后对社会现象进行社会学的解释。

三、多元传统

对社会学产生影响的显然不止两位法国学者。按照阿隆的说法，在孔德时代，马克思（Karl Marx，1818—1883）和托克维尔虽然没有直接使用"社会学"概念，他们的思想却对后来的社会学研究产生了重要影响。在涂尔干的时代，帕雷托（Vilfredo Pareto，1848—1923）和韦伯（Max Weber，1864—1920）既使用了"社会学"概念，也对社会学的发展产生了影响。也有人提出，在涂尔干时代还有英国人斯宾塞（Herbert Spencer，1820—1903）、德国人滕尼斯（Fendinand Tönnies，1855—1936）、齐美尔（Georg Simmel，1858—1918）。

以上学者中，马克思对人类社会的影响是复杂的，不仅体现在社会学领域，形成了冲突学派；也体现在经济学领域，对政治经济学派产生了直接影响；还体现在政治学领域，国家革命理论和阶级斗争理论都直接接受了马克思的遗产。托克维尔的影响主要在政治学领域，特别是他的《论美国的民主》和《旧制度与大革命》对政治学的民主政体研究而言是一笔重要的思想遗产，他关于多数人暴政的观点是人们探讨民主政治时不可回避的重要资源。

在涂尔干时代，帕雷托的影响主要在经济学和政治学领域。帕雷托接受过工程师的训练，又从事过商业活动。对经济学而言，帕雷托留下了均衡理论和社会选择理论，直到今天，"帕雷托最优"仍然是决策探讨经常使用的概念。对政治学而言，帕雷托崇尚的是精英主义，他把社会分为精英和非精英，占据统治地位的精英(也有一部分精英并不占据统治地位)通过强制和操纵公众意志来维持权力。

斯宾塞、滕尼斯和齐美尔都以社会作为研究对象,都对社会学的发展做出了重要贡献,譬如斯宾塞的进化论、滕尼斯对社区(Gemischaft)与社会(Gessellschaft)的区分、齐美尔的社会交往理论和对社会学分析层次的探讨,都是社会学的重要遗产。可如果与韦伯比,可以说后者的影响更为深远。

从社会学的发展来看,如果采用简单的对应式表述,可以说孔德提出了社会学概念,涂尔干建立了社会学方法论并影响了功能主义的发展,马克思影响了冲突理论的发展,韦伯则从另一个角度建立了社会学的研究路径并对社会学的发展产生了多元的影响。

马克思出生的时间比孔德晚 20 年,和孔德一样,马克思的时代处于工业社会发展的早期,尤其是机器工业蓬勃发展的时期。和孔德不同的是,马克思并没有感受到法国大革命的直接影响,却比孔德更多地感受了机器工业带给社会的震荡,见证了工厂和工业产品的增长,社会财富分配的不公和由此产生的不平等。不过,他们关心的是同样的问题,即如何使社会成为人类的乐园。

马克思在论述中也讨论过法国大革命,不过,基本主题是机器工业给社会带来的影响。他最重要的著作如《1844 年经济学哲学手稿》《共产党宣言》《政治经济学批判·序言》《资本论》等都是直接剖析工业社会构成、问题及其解决之道的不朽名篇。《共产党宣言》不仅宣告了无产阶级的诞生，还开宗明义地告白：无产阶级是资产阶级的对立面，两个阶级的斗争是工业社会的主旋律。

马克思一生著述丰富，既有大量的报刊文章，也有鸿篇巨制，涉猎的范围包括经济学、社会学、历史学、哲学。从马克思的众多论述中我们找到一些共性，那就是，马克思把社会的基本关系看做是生产关系。在 1859 年出版的《政治经济学批判·序言》中，马克思指出，"人们在自己生活的社会生产中发生一定的、必然的、不以他们的意志为转移的关系，即同他们的物质生产力的一定发展阶段相适合的生产关系。这些生产关系的总和构成社会的经济结构，即有法律的和政治的上层建筑竖立其上并有一定的社会意识形式与之相适应的现实基础。物质生活的生产方式制约着整个社会生活、政治生活和精神生活的过程"。这就是马克思的社会观，他把社会的基本关系看成是由生产力决定的生产关系，把生产关系的总和（经济基础）看成是社会制度（上层建筑）的决定物；在生产力与生产关系、经济基础与上层建筑之间，又存在着辩证的互动关系。

通过对人类历史的分析，马克思又发现，在人类社会的生产关系中，阶级对立是基本关系。在《共产党宣言》中马克思指出，

"到目前为止的一切社会的历史都是阶级斗争的历史，自由民和奴隶、贵族和平民、领主和农奴、行会师傅和帮工，一句话，压迫者和被压迫者，始终处于相互对立的地位，进行不断的、有时隐蔽有时公开的斗争，而每一次斗争的结局都是整个社会受到革命改造或者斗争的各阶级同归于尽"。

在工业社会，资本主义生产关系产生的是无产阶级和资产阶级的对立。在马克思看来，资本主义是一种与先前各种经济制度截然不同的制度。这种制度中，资本家利用资本（任何可资本化的资产，包括金钱、机器，甚至还包括工厂）把不占有资本的社会成员紧紧地攥在手里，使之成为他们获取剩余价值、进行资本积累的工具。不占有资本的工人为了维持生活，不得不依赖于这样的生产关系。马克思认为，机器工业的直接影响就是，占有资本的社会成员构成了一个阶级，他们统治和左右着社会的命运，而大多数只具备劳动力的人口则构成了一个依附资本提供的工作机会、挣工资的工人阶级、劳动阶级。随着工业化的扩展，大量原本依靠在土地上耕作而自给自足的农民也加入了城市工人阶级的队伍，这就是无产阶级。

对无产阶级与资产阶级关系的探讨也为马克思的历史唯物主义提供了最好的论据。在马克思看来，社会系统由于经济制度内部的矛盾而发生从一种生产方式到另一种生产方式的迁移。这种迁移有时是渐进地，而有时则要通过革命来完成。从狩猎和采集的原始共产主义社会开始，人类社会的发展经历了古代奴隶制度、以地主与农奴的区分为基础的封建社会、以资产阶级为主体的资本主义社会。

因此，同以往的任何制度一样，资本主义仍然是一个由对立的阶级构成的社会，阶级之间的冲突仍然是一个普遍现象。虽然拥有资本的资产阶级和需要生活资料的工人阶级彼此依赖，但与以往的社会一样，这种依赖并不是稳定的关系。阶级关系的实质是剥削与被剥削的关系，工人拥有劳动力，却没有对自己劳动力的控制权；资本家可以通过占有工人劳动的剩余价值而获取利润。内生的矛盾导致了依赖关系的不稳定，也预示了矛盾的解决只能是一个阶级推翻另一个阶级。在马克思看来，就像资产阶级联合起来推翻封建制度一样，资本主义制度同样要被一种新建立的制度取代。

马克思相信，推翻资产阶级统治的历史重任只能由无产阶级来完成，未来的社会将是一个没有阶级、没有富人和穷人之间巨大差距的新社会。在这样的社会中，不再有控制经济制度和政治权力的少数特权阶级以及劳动价值被盘剥的社会大众阶级；社会财富将由社会成员共享；生产力将高度发展、生产效率将空前提高，进而保证社会财富的供给。

马克思对工业社会的探讨对后来的社会科学（各学科）都产生了重要影响，指导了国际共产主义运动、俄国十月革命、中国革命,影响了地球上三分之一人口的社会生活。

在社会学的发展中,与涂尔干提出社会学方法论同样重要的是,韦伯提出了一些至今都十分重要的社会学议题,且提出了与涂尔干有些差异的方法论。

几乎与涂尔干同时代的德国人韦伯与涂尔干的不同之处在于:涂尔干一生致力于将社会学的特质凸显出来,且始终坚持用社会事实解释社会现象,研究问题局限于劳动分工、越轨和宗教。韦伯也关注社会学作为一门学科的发展,还与滕尼斯和齐美尔等人联合发起成立了德国社会学会,只是,他的兴趣和关注点却跨越了许多领域,主要著作如《宗教社会学论文集》(3 卷、1920)、《政治论文集》(1921)、《经济与社会》(2 卷、1921—1922)、《科学论文集》(1922)、《社会学和社会政策论文集》(1924)等涉及了经济学、法律、哲学、比较史学、音乐以及社会学等诸多领域。在这一点上,他与马克思非常类似。

韦伯深受马克思的影响,也关注机器工业带来的社会变迁,却对马克思的主要观点给予了强烈批判。譬如他反对马克思的历史唯物主义,也不认为阶级斗争是推动历史前进的动力。韦伯尽管也承认经济因素的重要性,但与马克思相反,韦伯认为,人的意识并不只是被动的、社会存在的反映,相反,人的意识能够对社会和社会变迁产生作用,其影响并不亚于经济因素。

那么,如何研究人的意识(价值观、思想和信仰)呢? 与涂尔干关注社会事实和马克思关注社会存在不同，韦伯不相信外在于或独立于个体的社会结构。韦伯提出，可以通过人的行动来考察人的意识。个体有能力自由行动，社会结构是由行动之间的复杂关系形成的，社会学需要关注的是人的社会行动和行动背后的意义，而不是社会结构。

为理解由价值观念和文化影响的社会行动，韦伯创立了一种分析方法，即理想类型。举一个例子，家庭的理想类型。家庭既是社会组织，也是社会制度。在一个社会里，没有两个家庭是完全相同的。那么，怎样理解家庭呢？按照韦伯的理想类型，每个社会对家庭都有一个构想，这个构想可以作为家庭的理想类型，譬如在中国的一些地区，人们把夫妇二人加上长女次子作为理想的家庭结构形式。人们对自己家庭结构的理解就可以参照理想类型来实现。换句话说，理想类型是理解世界的概念或分析工具。在真实世界里，理想类型很少存在，存在的只是理想类型的部分属性。因此，理想类型是一个参照系。

一个典型的例子是《新教伦理与资本主义精神》。从理想类型出发，韦伯认为，资本主义的基本特征是以最大限度的利润追求为目的，达到这一目的的手段是合理组织劳动和生产。纵观人类的历史，最大限度地追求利润并不是资本主义特有的，任何时代、任何人都贪财。问题是，用什么样的方式来获得财富。与巧取豪夺、投机冒险、杀人越货不同的是，资本主义采用了纪律和科学来获得财富、用理性来积累财富。在韦伯看来,如果说人们在以往的社会还相信各种基于迷信和习俗的长期存在的信念;那么,在工业社会,人们更多考虑的是工具性的效用和结果,更多相信的是摆在面前的现实和合乎科学的逻辑。现实生活而非来世成为人们考虑的第一问题,这种基于计算的生活理性,也是现代社会的理性。由技术进步导致的工业革命、因工业革命产生的资本主义、由资本主义发展出的科层制度,都不能证明神灵的作用,而只能证明工具理性的效用。

那么,人类的理性行动是从哪里来的呢?韦伯认为,隐藏在行动背后的是特殊的宗教信仰,这就是与资本主义社会相一致的新教伦理。不过,如果要人们相信他的解释,韦伯就必须证明由新教伦理决定的理性行动在多大程度上是信仰新教伦理的社会所独有的。

采用同样的思维逻辑(社会学中称之为范式),韦伯还在《儒教和道教》《印度教和佛教》《古代犹太教》等著作中讨论了不同的宗教与社会行动之间的关系。通过对东西方宗教的比较研究,韦伯分析了宗教信仰与经济行为之间的关系,论证了近代资本主义为什么产生在西方而没有出现在东方。韦伯认为,基督教信仰的某些特征对资本主义的兴起有着强烈的影响,东方之所以没有出现资本主义,也是因为东方的宗教譬如佛教的影响。非常有意思的是,一些在马克思看来只能由经济因素决定的问题,在韦伯看来却受文化和价值观念所影响。由此,可以说,韦伯的基本理念是,意识塑造了社会和个人的行动,而不是其他。

我们看到了韦伯社会学的特别之处,即透过社会现象,发现背后的支撑意识。韦伯运用这样的方式探讨社会行动背后的意义,支持其分析策略的一个重要工具是理想类型。这就是韦伯式社会学思想的核心。

韦伯的社会学思想影响深远。他的社会学思想在法国实证主义之外开辟了另一个天地,甚至与现象学的源头并驾齐驱;他对社会行动的解释直接启迪了帕森斯(Talcott Parsons)对社会行动系统的宏大构思;他的科层制理论对当代组织社会学和政治社会学发生了重要影响;他对意识与社会行动关系的探讨策略则是法兰克福学派批判理论的基本路径;他的宗教社会学研究直接影响了后来的比较文化研究。总之,韦伯的社会学遗产是多元的,也是社会学多元范式的重要源泉。

四、社会学的想象力与多元视角

我们已经知道,社会学是从哲学中脱胎、从社会哲学中换骨而来。在从农业社会向工业社会的转变过程中,在革命的洪流中,接受了哲学训练的学者们认识到,仅依靠哲学的思维,很难对新出现的社会现象进行解释、也很难对新出现的社会问题提出解决之道，必须面对现实社会，对社会进行研究，从社会中寻找答案。从这个意义上来说，新出现的社会学是工业社会的学问，是工业社会的经世致用之学。

如果说经济学经过新古典主义革命建立了相对统一的理论和研究范式的话，那么，和其他在工业社会中出现的学科不同，社会学在更多方面表现出的是米尔斯（C. Wright Mills）所言的"社会学的想象力"，它在发端之时就出现了多元理论和多元研究范式。不同的甚至相互对立的研究范式在过去近200年的时间里能够和平相处，得到了很好的发展。社会学没有像经济学那样收敛在一些共识的概念体系和基本规律之下，而更多的是一种让每个人都发挥自己的"社会学的想象力"、在一些基本概念和视角之下发散的学科。社会学的研究成果没有单线条式的积累，有的是兼容并包的，甚至是相互冲突的视角之间的讨论与对话。

什么是社会学的想象力呢？米尔斯在《社会学的想象力》中指出，社会学的想象力是一种心智品质，可以帮助人们利用信息增进理性，从而使他们看清世事。"个人只有通过置身于所处的时代之中，才能够理解他们自己的经历，并把握自身的命运，他只有变得知晓他所身处的环境中所有个人的生活机遇，才能明了他自己的生活机遇。"因此，具有社会学想象力的人能够看清更广阔的历史舞台，发现现代社会的构架。通过这种想象力，个体性的焦虑不安被体现为明确的社会性困扰,公众对公共论题再不漠然,而是参与到对它们的讨论中。

吉登斯(Anthony Giddens)在谈到社会学的想象力时,曾举了一个喝咖啡的例子。喝咖啡这个在人们日常生活中再普通不过的行为,社会学能够对它说什么呢? 其一,咖啡并不只是一种让人提振精神的物质。作为日常社会活动的一部分,咖啡还具有象征价值。有时候,与喝咖啡相关的仪式比喝本身(消费活动)更为重要。早上喝咖啡在许多西方人的日常生活中标志着一天的开始。在人们与其他人一起喝咖啡时,喝咖啡更多地表现为一种社会仪式。举一反三,中国人喝茶、喝酒也是这样。俗话说,酒逢知己千杯少,说的就是喝酒与社会交往的关系。

其二,咖啡含有咖啡因,对大脑有刺激性作用。许多人喝咖啡是为了提神,熬过难捱的时光。不过,人们并不把嗜好喝咖啡的人看成是吸毒的人。但是,如果你只是要咖啡因,情况就不同了,社会将这种行为定义为吸毒。大多数社会并不容许人们吸毒。不过,也有社会容许人们消费大麻甚至可卡因,却反对人们消费咖啡因。为什么会这样呢? 这正是社会学家有兴趣探讨的社会事实。

其三,喝一杯咖啡使一个人卷入全球一系列复杂的社会与经济关系中。咖啡生产地大多数是贫穷国家,而消费地大多数在一些富裕国家。在国际贸易中,咖啡是仅次于石油的最有价值的商品，是许多国家最大的外汇来源。咖啡的生产、加工、运输和销售，为许多人提供了就业机会，也为国家之间的交往提供了机会。在全球紧密相连的时代，没有一个社会能够置身事外，研究全球化的贸易，也是社会学的一项重要任务。

其四，喝咖啡也是一种政治。咖啡的种植十分普及，已经"品牌化"。喝什么样的咖啡就变成了消费者对生活方式的选择。譬如纯天然的咖啡、无咖啡因的咖啡、咖啡"公平贸易"等等。人们喝咖啡可以到特色咖啡厅，也可以到"星巴克"连锁店。喝咖啡的人们可联合抵制来自某些国家的咖啡，也可以支持具有特殊符号意义的咖啡，如来自贫困国家的咖啡。对于这些社会事实，社会学家也有兴趣，譬如对遥远事物的关注如何改变了人们对新事物的认知？

其五，喝咖啡的行动隐含了某种社会和经济发展史。与人们熟悉的茶、香蕉、土豆和白糖一样，咖啡成为一般消费品是18世纪晚期以后的事。虽然咖啡源于中东，西方人对咖啡的消费却是殖民扩张时期才开始的。那么，西方人到底怎样看待咖啡？过去和今天的看法有什么不同？咖啡与世界贸易的发展有着怎样的关系？这也是社会学家感兴趣的社会事实。

总之，社会学的想象力使我们看到，一些看起来仅属个体的行为，一些看起来实在平常不过的事情，当把它们放到特定的社会经济背景中时，却成为社会现象、社会事实。如此看来，米尔斯的"社会学的想象力"与涂尔干的"社会事实"有异曲同工之妙。是否自杀、如何自杀、什么时候自杀、在哪里自杀都是个体的事,但当把个体的自杀行为放到具体社会经济背景中时,就有了更加一般的意义,"自杀"就变成了一个社会议题。

基于这样的共识,跟随社会学早期的多元传统,在近 200 年的发展中,社会学已经形成了一些比较成熟的、各不相同的理论和方法范式。特纳(Jonathan H. Turner)在他的《社会学理论的结构》中将其分作了七种。当然,将纷繁芜杂的社会学研究进行归类本身是一种冒险的做法,既不可能穷尽社会学研究的所有取向,也容易将一些取向不明确的研究放到不适当的类别中。不过,分类信息也有优势,能够让人们明确地了解社会学研究的基本状况。在接下来的篇幅中,我们将简单介绍几种主要的社会学理论视角。

功能主义

社会学的功能主义视角来源于对社会和生物有机体的类比。以人为例子,人的四肢和五脏六腑都是个体器官,却是生命存在的必须,对生命的存在做出了自己的贡献。有机体论认为,生命并非简单地等于器官之和。生命就是生命,是一个整体。社会亦如此,社会的组成部分(如家庭、企业、社区、政府)都是社会的器官,对社会整体发挥着作用。

功能主义强调道德共识在维持社会稳定和秩序中的重要性。在功能主义看来,社会大多数成员分享着共同的价值观和道德。只有在这个基础上,社会才能处于均衡和稳定状态,这也是社会的常态。在孔德和涂尔干那里,他们都强调社会的协调一致和共同的意识(涂尔干称之为"集体意识")。

基于这样的社会观,社会学家们致力于研究社会各部分之间及其与社会整体之间的相互关系。功能主义的起源尽管可以追溯到孔德和涂尔干,但使功能主义成为显学的是人类学家马林诺夫斯基(Bronislaw Malinowski,1884—1942),尤其是他对原始部落社会的研究集中地体现了他的功能主义思想。功能主义的集大成者则是20世纪上半叶的帕森斯,他把整个社会作为一个大系统,将社会各个部分进行分类,构成社会的功能模块,探讨作为系统的社会与各功能模块之间的关系,还有模块之间的关系。

默顿(Robert Morton)则进一步指出,各构成部分对社会的功能并不总会显现出来,显现的功能被称之为显功能,没有显现出来的被称之为潜功能。还有,也不是所有构成部分都对社会整合有积极贡献,有些部分的作用甚至是负面的(譬如反社会利益集团的贡献)。为此,他又区分正功能和反功能。显功能和潜功能、正功能和反功能的存在也意味着社会并不总是稳定和协调的。当内部的均衡被打破,社会就会处于动荡和不稳定之中。

当打破均衡的力量来自社会外部时,便会形成一股外在压力。无论打破均衡的力量来自内部还是外部,在功能主义看来,都是导致社会变迁的重要力量。

功能主义作为社会学的一个重要流派曾几乎统领过社会学,尤其是在帕森斯时代。如今看来,功能主义过分强调了社会的一致性和协调性,过分强调了部分有助于整体的整合,忽视了其他重要事实,使其解释能力受到很大制约。当社会内部处于不平静状态时,功能主义几乎没有解释力。

与功能主义不同,重视社会一致、和谐、平衡之外其他重要事实的一个流派是冲突范式。

冲突论

冲突论强调的是社会内部的不一致、不协调、分化与冲突。在冲突论者看来,社会的资源是有限的。围绕资源的争夺始终是社会的主旋律,绝大多数社会绝非像功能主义者描述的那样处于和谐和均衡状态,构成社会的各个组成部分也绝非是一个整体,社会的基本状态就是冲突。冲突论者也认为社会存在秩序,只是不像功能主义者描述的那样是社会的自然状况,而是社会冲突的后果。

基于这样的社会观,冲突论者从马克思那里继承了阶级对立的观点,主要研究问题集中在权力、不平等和斗争,注重考察社会强势与弱势群体之间的紧张状态,并试图理解统治关系是如何建立和维持的。譬如达伦多夫(Ralf Dahrendorf)在继承压制与冲突观念的同时,提出了社会的两面性:秩序与冲突。在"走出乌托邦""迈向社会冲突理论"以及《工业社会的阶级与阶级冲突》等一系列论述中,达伦多夫否定了帕森斯的功能主义,认为把社会看做是歌舞升平的和谐体系只是乌托邦式的梦想。当然,社会也不是只有冲突这一幅面孔。社会实际有两面,一面是和谐,另一面是冲突。在承认社会秩序的同时,达伦多夫提出,冲突也是社会的常态,变迁无时无处不在、冲突无时无处不在,这是因为每个社会都是一部分人压制另一部分人,形成这种格局的基础是权力分配的不均和角色的强制性安排。

也有冲突论者继承了韦伯的传统,考察统治与被统治之间关系的复杂多样性,譬如柯林斯(Randall Collins)在《冲突社会学》中对交谈与仪式、顺从与风度的探讨便体现了典型的韦伯式逻辑。在柯林斯看来,社会的结构是由一系列互动仪式链条构成的。互动仪式的基础是人们的共识。可问题是,共识总是暂时的。在现实生活中,人们总是竭力去左右甚至力图支配他人对互动的定义以便在互动中最大限度地获得优势,这就不可避免地使一部分人处于被强制地位。而每个人又试图避免成为他人强制力量的对象。冲突由此产生。那么,到底是什么决定了个体在社会中的地位呢? 柯林斯回到了韦伯,认为财富、权力和声望是决定个体社会地位的三个基本因素。

冲突论的内部也有不一致，只是都强调冲突视角。功能主义内部虽然也存在不同观点和视角，但在冲突论中，这种差异性更加突出。达伦多夫和柯林斯对冲突就有不同的理解，达伦多夫关注的是制度性的角色强制安排和权力的分配不均，柯林斯关注的则是个体互动中的强制与反强制。再举一个例子，科塞（L. Coser）是帕森斯的学生，他虽然站在冲突论的立场上，却没有忘记功能主义。他的《冲突的功能》是用功能主义的观点来讨论冲突，认为冲突具有缓解社会矛盾的"安全阀"作用，也能够促进社会内部的团结，与达伦多夫的冲突观点直接对立。因此，与其将冲突论理解为一个具有理论共识的学派，不如将其理解为关注共同主题的多种学派。

交换理论

在帕森斯之后，针对功能主义理论的不仅有冲突论，还有交换理论。我们知道冲突论既有针对制度、宏观社会的分析，也有针对个体层次社会现象的讨论。交换理论强调的是对人类行为和心理动机的研究，批判只重视宏观社会制度、社会结构、抽象社会的功能主义，倡导在个体层次研究社会的基本现象，提出社会的交换行为是最好的研究对象。

交换是人类的普遍行为。经济学家对此有广泛的涉猎，基于斯密（Adam Smith）传统，经济学家们认为，在自由和竞争的市场中，人们总是在寻求物质利益和效用的最大化。社会学家却看到了社会交换的非功利主义一面，在同样的议题譬如价值、最优原则、投资、奖励、代价、公平和正义之下，社会学家发展了两种不同取向的交换分析策略：从个体层次出发来解释个体行为和从人际（微观结构）层次出发来解释宏观社会结构。

个体层次的代表人物如霍曼斯（George C. Homans）。他从代价与报酬的角度提出了一组个体行动命题，如成功命题、刺激命题、价值命题、剥夺与满足命题、攻击与赞同命题。以攻击与赞同命题为例，霍曼斯认为，一方面，当个体的行动没有得到期待的奖赏或受到了未曾预料的惩罚时，个体就可能产生愤怒情绪，从而出现攻击性行为。另一方面，当个体的行动得到预期的奖赏，甚至超过预期，或没有受到预期的惩罚时，个体就会感到高兴，就会赞同这种行为。

霍曼斯指出，利己主义、趋利避害是人类行为的基本原则。由于每个人都想在交换中获取最大利益，结果使交换行为本身变成一种相对的得与失。对个体来说，投资大小与获利多少基本上是公平的。霍曼斯的五个命题是一个"命题"系列，没有哪个命题最重要，相互之间的联系才最重要。只要将五个命题综合起来，就能解释一切社会行为。

人际层次的代表人物如布劳（Peter Blau）。他从社会结构原则出发考察人与人之间的交换过程。与霍曼斯不同,布劳从描述交换过程及其在微观层次的影响开始,试图通过群体层次的分析来解释宏观社会层次的结构和制度。他认为,社会的交换是建立在信任基础上的,基本的交换关系往往发生在关系密切的群体中。社会交换是人的自愿行为,目的非常清楚,即通过交换活动来获取回报。为了分析不同的社会制度,布劳区分了经济交换与社会交换、内在奖赏和外在奖赏的差别,并通过引入权力、权威、规范和不平等等概念,试图用微观层次的交换活动解释宏观层次上的社会现象,也是社会学家对复杂性探索的重要尝试。

符号互动论

功能主义、冲突论、交换理论都是用客观立场看待社会现象,即使交换理论中的霍曼斯试图从个体层次(包括了心理学行为主义的思路)来分析人的行为,也仍然把行为、体系、制度看成是客观存在。符号互动论则完全从主观立场出发来讨论人际交往,研究日常生活中人如何使交往产生实质性意义。

符号互动论起源于对符号如语言意义的关注。库利(Charles H. Cooley)提出,人对自己的认识是通过观察他人对自己的反应而获得的,这就是"镜中我"。米德(George H. Mead)认为,人在从他人感知自己的过程中,语言是重要的符号。语言使人获得自觉,并使人获得"镜中我"。因此,互动过程依赖的是对符号意义的共享。由此拓展开来,人类社会的交往,在本质上是运用符号体系的活动。

与功能主义和冲突论不同,符号互动论者并不认为社会是一种控制力量。符号互动论者认为人在社会中具有行动的自由,并总是处在创造和改变自己生活世界的过程中。对社会现象的研究需要回到互动的动机、目的,以及赋予与理解符号意义的方式上。只有理解了这样的过程,才能解释更加宏观的社会现象。非常有意思的是,符号互动论的研究始终局限在个体和小群体层次,基本上忽视社会宏观因素及其与个体互动之间的关系。

举一个例子,戈夫曼(E. Goffman)引用莎士比亚的台词,把人生比作一个舞台,把社会比作剧场,每个人都有前台表演和后台的自我。在与他人的交往中,个体有意地提供和漫不经心地显示一些符号,让他人从中获得对自己的印象,这就是"印象管理"。通过建构剧场、编制脚本和印象管理,在互动中,符号就被赋予了特殊的意义。

社会学理论始终处在发展中,除了这四类经典理论之外,也有一些更为复杂的视角,如进化论、常人方法学、结构主义、批判理论、解构主义等,还有一些晚近的发展如新功能主义、新马克思主义等。对于一本普及读物而言,纳入这些内容就显得过于专业和烦琐。以结构主义为例，在欧洲大陆和美国，对结构主义使用就存在很大差异，甚至到了不可比较的地步。在法国，从索绪尔（Ferdinand de Saussure）语言分析中受到影响的列维—斯特劳斯（C. Lévi-Strauss）的结构主义就认为，社会的特质是由其基本结构决定的，与人类心理活动的结构具有同质性，社会学研究探讨的正是这些社会的基本结构，为此，他把亲属结构作为自己的研究对象。在美国，布劳试图"通过分析支配着个体和群体之间关系的社会过程来帮助人们了解社会结构"，探讨"社会生活怎样被组织成日益复杂的人与人交往的结构"。显然，两者之间完全没有共同语言。在英国，吉登斯强调个人行动与结构之间的相互作用，而不是单向作用，并试图整合个体行动、社会互动、社会结构，譬如他提出的常态化就是试图解释人类生活的秩序性。尽管他认为自己的结构（化）理论是在清理前人研究成果的基础上进行了整合与发展，但人们却很难在他的理论中找到与其他结构主义进行直接沟通的议题。如果再加上福柯（M. Foucault），情况就更复杂了。所以，对基本理论视角的讨论我们就此打住。

五、什么是社会学？

写到这里，我们来试着给社会学下一个基本定义。社会学是一门试图用科学思维逻辑来讨论人类社会和社会生活的学科。这也是严复对社会学的基本定义。与心理学比较,社会学不关注心理过程,而关注客观的、可测量的社会现象、社会事实。与政治学比较,社会学不单纯关注国家、政体、权力分配,而是把政治活动当作人类的组织活动,关注组织具有的共同属性。与经济学比较,社会学不关注经济现象譬如价格、竞争、垄断本身的规律,却关注经济现象的社会基础及其相互关系。与人类学比较,社会学不关注地方性的文化现象、象征和意义系统,而关注具有普遍意义的、可解释的整体社会的文化现象。

鉴善昭恶寻自我

就人类而言，通过语言而出现的功能性分化使人类获得了一种完全不同的组织原则，这种原则不仅导致了不同类型的个体，而且也导致了不同的社会。

——米德《心灵、自我与社会》

米德(George Herbert Mead，1863—1931)，美国社会学家、社会心理学家，符号互动论的创始人。

《三字经》开宗明义地说："人之初、性本善。"在强调原罪的基督教里，人被认为生来是有罪的。其实，关于人性，除了善恶，还有其他的说法。对人性的探讨不仅哲学家有兴趣，宗教学家有兴趣，社会学家同样非常有兴趣。对人性的假设是认识社会的基础。那么，人性到底是什么样的呢？让我们从具体的社会事实开始吧。

一、狼孩与天性

生物学家林奈 1758 年在他的生物分类学著作《自然系统》中提到，1344 年，在德国的黑森林发现了由狼哺育长大的小孩。1920 年，印度传教士辛格在勾达姆里村一个巨大白蚁穴附近的狼群中发现两个人形怪物：身子和人一样，头颅很大，头上的毛发蓬乱，披散到肩头和胸前。辛格将这两个"怪物"带回村里，发现她们是两个女童,大的约 8 岁,小的约 2 岁。辛格把她们送进了当地的一个孤儿院,给大的取名卡玛拉,给小的取名阿玛拉。后世的人称她们印度"狼孩"。

据记载,"狼孩"刚被发现时,用四肢爬行,慢走时膝盖和手着地,快跑时则手掌、脚掌同时着地。她们喜欢单独活动,白天躲藏起来,夜间潜行,黑暗中她们目光锐利,闪闪发光。天气再热也不淌汗,而是像狗一样张大嘴巴喘气,借以散热降温。她们怕火、光、水,不让人替她们洗澡,不穿衣服,不管人们给她们穿上什么衣服,都撕个粉碎。她们不吃素食而要吃肉,吃东西不用手,而是放在地上用牙齿撕开吃。每天午夜到第二天清晨三点她们会像狼一样引颈长嚎。她们没有感情,只知道饥则觅食,饱则休息,对他人没有兴趣,不过很快学会了向辛格的妻子讨要食物和水,如同家犬一样。然而,当阿玛拉死的时候,人们看到卡玛拉"两眼各流了一滴眼泪"。

刚被发现时,卡玛拉只具有正常 6 个月大婴儿的"知识"。人们花了很大气力也不能使她适应人类的基本生活方式。人们花了两年时间才使卡玛拉学会直立,6 年后才学会艰难地独立行走,一旦快跑,还得四肢并用。语言的学习更加艰难。4 年内卡玛拉只学会了 6 个单词,只能听懂简单的几句话,7 年才学会 45 个词,勉强能说几句话。直到 9 年以后去世时,卡玛拉也未能真正学会说话。人们估计,去世前卡玛拉大约已经 16 岁,智力却只相当于三四岁的孩子！

　　如果说狼孩的故事有些传奇色彩而不那么令人信服的话；那么，安娜在与世隔绝的环境中成长的故事则绝对真实。1938年2月6日，《纽约时报》报道了美国宾州一座农庄里一名5岁女童安娜的故事。安娜是个私生子，出生后，由于害怕社会的压力，母亲将她关在了二楼的一个储藏室。当安娜被发现时，她靠在煤桶上，双手抱头，不会说话，不会走路，也不会自己吃饭，严重营养不良，瘦得皮包骨头。她更不会进行任何情感表达。看到这个报道之后，戴维斯（Kingsley Davis）和他的学生随即找到安娜，并对安娜的经历进行了研究。以此为案例，1940年，戴维斯在《美国社会学杂志》上发表一篇题为《一个儿童的极度社会隔绝》的文章，指出人的社会发展与人的生理发展必须同步，如果没有社会维度的发展，人的有机体发展将变得毫无意义，就会像安娜一样，连维持自我生存的吃饭能力都没有。

　　8年之后，戴维斯在《美国社会学杂志》上又发表了另一篇文章《极度社会隔离之补说》，把安娜的案例与另一个几乎与之同时和类似的伊萨贝尔案例进行了比较。安娜被发现以后，首先被送往一家特殊教育机构，后来又被送往一家幼儿教养所。在这个过程中，安娜的社会技能逐步得到提高，在1942年8月6日去世之前，她已经学会了说话。而经过几年强化教育之后，伊萨贝尔也几乎获得了与同龄儿童相似的发育水平。

　　狼孩、安娜和伊萨贝尔的故事告诉我们，人之初，本无性，甚至连生存的本能都没有。如今我们已经知道，刚刚出世的婴儿是一个极其脆弱的有机体。刚刚出世的小马驹很快能够站立起来，寻找食物；一只小鸭无论是怎样出世的，只要一出世，就会根据本能去找水、游水。但是，刚刚出世的婴孩，如果没有大人的帮助，在几个小时之内就会面临死亡的威胁。那么，人类的基本生存能力和其他属性都是从哪里来的呢？社会学的答案非常简洁："社会化"。初生的婴孩不具备其他动物的生物性本能，需要通过学习来获得能力、培养人格、实现成长，使自己成为社会的正常一员，这就是"社会化"。

二、淘气与教养

　　无论是哪个年龄，只要在读这本书的人应该都熟悉一个词，"淘气"。可是，我们是否认真想过，什么是"淘气"？初为人父母者，常常会在一起说孩子的事情。说到对孩子不满的地方时，往往会用"淘气"进行概括。如果举出一个"淘气"的具体例子，一定会有人认为那是淘气，但也有人会认为那不是淘气。为什么会有这样的差异或共识呢？还有，我们都知道，当说一个人淘气时，大多指的是孩子。如果说某个成年人淘气，就一定是戏谑之语，这又是为什么？

　　简单地讲，当人们使用"淘气"一词时，往往没有把"淘气者"看做成熟的人、理性的人、可以正式对待的人。人们认为，他们尚处在成为人的道路上。孩子们做一些被认为不正常的事情是可以容忍的，是需要教化的。因此，在人们的意识深处已经假设：第一，人是需要教化的；第二，教化是一个过程。《三字经》有"人不学，不知义""苟不教，性乃迁"之说。那么，人到底怎样成其为人？教化又是怎样的过程呢？这就是社会学家关注的"社会化"。

　　什么是人的"社会化"？还是让我们从人的生物性与社会性说起吧。

　　在许多宗教教义中，常常把人看做是由一个超然力量譬如神或菩萨创造的。达尔文的生物进化论却告诉我们，人类的起源并不是超然意志的后果，而是自然的选择。自然选择的基本理念是，生物都需要食物，并需要利用资源来躲避恶劣的天气等环境因素，以便生存下来。但是，生物并非在任何时候都能获得足够的资源。这样，适应环境的物种生存了下来，不适应环境的物种便被自然地淘汰了。在自然选择中，适宜于生存和竞争的物种特征也获得了保存并通过繁殖的方式传给了后代。

　　自然选择的另一层意思是，一些被经常使用的物种特征获得长足的发展；另一些特征所用不多，有的甚至根本没有什么功用，便退化了。用进废退，再加上自然因素导致物种特征的突然变化,构成了物种变异。

遗传与变异的并存,构成生物存亡和生物物种多样性的基础。一些发生变异或接受了其祖先遗传的物种如果能适应环境的变化,便得到了保存和发展;如果不能适应环境,便会遭受灭顶之灾。大量的科学证据表明,在地球上曾经有过恐龙,可如今我们只能见到恐龙化石。尽管对恐龙消失的原因有多种解释,但最后都会归结到与环境之间的关系上。幸运的是,人类早期的祖先适应了环境,发展了适应环境变化的各种特征,譬如思维。

进化论告诉我们,人类和其他物种有着某些共同的特征,作为一个物种也有其独特的性质;譬如,人类确实没有与生俱来的生存本领。人类的一些行为看起来像是"本能",譬如当有人冲你的脸打上一拳时,你下意识地会躲闪。人们可以把躲闪行为当作常识的本能,但它却不是社会学和生物学意义上的本能。在科学意义上,本能是指受基因决定的复杂行为模式,如小鸭找水、小马驹站立,都是本能行为。遇袭时的躲闪,实质是反射性行为,而不是本能;是单一的反应,而不是复杂的行为模式。

人类有一些与生俱来的反射行为,而且大多与生存有关。遇袭时躲闪是为了避免伤害,婴幼儿吃奶是为了饱腹。还有许多类似的动作,都与人类的基本生存有关,譬如对温暖、水、性的需求。不过,人类满足基本需求的方式并不是完全一致的。举例来说,饮食是人类的共同行为,饮食的方式却千差万别。不同的社会有不同的饮食习惯,甚至处理食材的方式也不相同;饮食还被赋予了不同的意义。这些差别很难用生物因素来解释。

另外,人类还能控制自己的生物性,这也是其他生物没有的特征。譬如,具有思考能力的人会在行为发出之前审慎地思考、选择自己的行为方式,考虑行为的后果,权衡利弊,而不是像其他生物那样凭借生物特性如本能做出行为。人类学家萨林斯(Marshall Sahlins)在《生物学的运用与滥用》中指出,社会生物学家们展示的各种人类生物特征或"天性"的证据,实际上来源于人类早期的社会化过程。

当然,社会化与人类的生物特征密切相关。从能力发展来看,生物因素的确是重要的约束条件。譬如年龄 0—6 岁的孩子在生存上一般只能完全依赖他人,此后还有大约 14 年的时间也必须在某种程度上依靠他人的直接帮助。与其他动物或任何灵长类动物相比,这是一个漫长的过程,漫长得甚至比一些动物的平均寿命还要长。

正是在这段时间里,人获得"教养",并不再"淘气"。对社会学家而言,"教养"除了日常意义上的有礼貌外,主要指生存能力、学习知识和规则的能力、社会交往的技能、建立个人社会基础的能力。同样,这些都不是生物因素能解释的。

研究表明,人之初,不仅没有生存本能,也没有社会本能。

人类的生存能力或知识积累（被抽象为"文化"）都是通过学习获得的或通过学习唤起的，从喝水、拿筷子、穿衣服到说话、打招呼，以及获取科学的、社会的各种知识。从父母怀抱宝贝的那一刻起，学习过程就开始了。当婴儿汲取母乳或被父母拥抱在怀里时，他们便接受了人类生存的基本条件，食物、温暖和互动。这些条件不仅满足孩子有机体生长发育的需求，也影响着孩子的情感。食物与温暖对有机体的生存最为重要，可对人的发展而言，随着时间的推移，互动的重要性便逐步上升。

美国威斯康星大学的心理学家哈洛（Harry F. Harlow）对罗猴的实验结果表明，与父代的身体接触和与同类的接触是猴子的基本需求。如果猴子在早年没有这样的接触，就会导致严重的身体机理和情感方面的障碍。哈洛的实验还说明，如果在一个笼子中设置两个"母亲"，一个是用线绳做的，负责为猴子提供食物；一个是用松软的布做的，什么也不负责；大多数时间猴子都会偎依在布母亲身边，尽管线母亲为猴子提供食物，猴子还是喜欢布母亲。当把布母亲从猴子身边拿走，猴子便会产生严重的行为问题。直观的解释是，布母亲提供了真实的母亲所能提供的东西，温暖和舒适。随着时间的推展，一些由布母亲带大的猴子，早年的生活非常正常。可当他们成为父母以后，竟然完全不知道如何养育孩子，一些雌猴甚至根本就不能生育。

直接把动物实验的结果应用于人类社会风险很大，可社会学家仍然愿意相信，婴儿期的接触与互动培养了人类最基本的"人性"：情感。心理学家施皮茨（Pené Spitz）1945 年发表了一篇重要文章，讨论了在孤儿院或福利机构长大的孩子与由生母抚养长大的孩子之间的区别，他发现与由生母抚养长大的孩子不同，孤儿院长大的孩子在身体、社交、情感方面都发展缓慢。随着年龄的增长，差异还会扩大。同年，另一位心理学家歌德法布（William Goldfarb）在《美国矫正精神医学杂志》上也发表了一篇文章，报告了他的比较研究结果，他将 40 名出生后不久被寄养在别人家的孩子与 40 名生下来后先在孤儿院里生活两年然后再寄养到家庭中的孩子进行了比较，发现，在孤儿院待过的孩子有很多缺陷，譬如智力低下、进攻性强、交往技巧缺乏、创造性少、情感冷漠等。许多进一步的实验还表明，接触和互动不仅是促进婴儿生长发育的重要因素，也是婴儿进入社会生活的重要步骤。

从发育历程来看，学者们认识到，人的社会性发展存在某种顺序。新生婴儿只有四种情感：满足、惊讶、厌恶和沮丧。在大约 3—4 个月左右，婴儿会有快乐感，也会生气，能辨认人的面貌，区分父母与他人。从这时起，人类的身体语言能对婴儿产生直接影响。研究还发现，婴儿能区分母亲的微笑和恐吓，能对母亲类似的身体语言做出反应；不过，尚不能对陌生人的类似身体语言进行识别和做出反应。到 8—9 个月时，婴儿才能区别一般意义上的悲哀与害怕。到 1 岁时,情况就不同了。孩子不仅开始说话,有亲切感,而且能站立起来,渐渐地,也能够独立行走了。到 2—3 岁时,孩子已经能理解其他家庭成员的互动和情绪;能理解骄傲、内疚等情绪。

从有活动能力开始,儿童不仅学会如何喂饱自己,也开始学习纪律和自我约束,学习控制身体的需要并正确地加以应对,譬如如厕。儿童还会学习良好的日常生活行为,如礼貌地吃东西;学习与他人相处,如礼貌地称呼他人。

到 5 岁左右,儿童已成为相当自主的一个人,具有相当丰富的社会性情感如安全感、谦虚、信任、妒忌等,并能在日常生活中进行自理。除此以外,这个年龄的儿童也会尝试冒险。儿童正变得更像一个“人”,自我知觉变得更加突出。

对“人”的这些理解大多属于发展心理学与社会学交叉的内容,主要结论基本来自发展心理学家,且与社会学家之间没有完全达成共识。如今,随着认知科学的发展,对这一阶段“人”成长的研究已经成为一个多学科交叉的领域。

三、我看人看我

日常生活的经验告诉我们,每个人都会认为自己的人格是天生的。社会学家和发展心理学家却认为,人格不是天生的,而是一定时空环境下社会力量的产物。一些看起来是生物本能的东西如脾气、竞争意识等，其实都是社会塑造的。

相信很多人都知道孟母三迁的故事。故事说，孟子三岁时，父亲就去世了，母亲仇氏守节。他们居住的地方离墓地很近，孟子学大人，玩起了筑坟、跪拜、哭号的游戏。母亲想："这个地方不适合孩子居住。"就把家搬到集市附近。这次的住所离杀猪宰羊的地方很近，孟子又玩起做买卖和杀猪之类的游戏。母亲又想："这个地方还是不适合孩子居住。"于是，将家搬到学宫旁边。夏历每月初一，官员都要进文庙，行礼跪拜，揖让进退，孟子见了，也一一学习记住。母亲想："这才是孩子应该居住的地方。"就在这里定居下来了。

我们撇开孟母爱子之心不说，单说孟子学样，是不是"近朱者赤、近墨者黑"。《三字经》称之为"性相近、习相远"。社会化涉及的不仅有人的基本能力，也有人格。像孟子早年随环境变化的行为特征，正是社会学家和发展心理学家研究的对象。

人格的形成也发生在人生的早期。日常生活意义上的人格与社会学意义上的人格是有区别的。在日常生活中，当我们说某人缺乏基本人格，或要培养孩子人格时，一般指的是品格。对社会学家来说，人格指的是特殊的思想、感觉和自我观照的模式，以及由此构成的个体品质特征。一般来说，人格有几个主要部分：在认知层面有思想、知识、知觉和记忆；在行为层面有技能、天赋和能力;在情感层面有感觉和感情。

人格发展的第一步是如何认识自我,这也是社会学家在人格研究中关注的核心问题之一。"我是谁?"这个问题探讨的正是人对自己的认识,准确地说是对人格的认识。法国思想家蒙田(Michel de Montaigne,1533—1592)说,人是一种奇妙的、无聊的、浮躁的、反复无常的东西;近代科学和政治学的重要奠基人霍布斯(Thomas Hobbes,1588—1679)则说,人是自私的,是追求自己最大利益的极端个人主义的东西,那么人到底是什么?

19世纪末期和20世纪初期的社会学家和社会心理学家库利(Charles Horton Cooley,1864—1929)认为,人,事实上没有办法在无人的环境下认识自我。初生婴儿并不能理解自己与父母之间存在的差异;他们没有形成任何意义上的自我。几个月之后,他们逐渐地把自己和父母区分开来并当作不同的人来对待。渐渐地,他们获得了自己与父母关系的认识,也开始理解和认识自己与其他人的关系。库利提出,人对自己的了解实际上是通过他人对自己的看法来获得的,这就是所谓的"镜中我"。

库利认为,"自我"是社会的产物,其发展经历了三个阶段。首先,我们察觉到我们在他人面前的行为方式;其次,我们领悟了别人对我们行为的反应;最后,我们基于对他人反应的理解来评价自己的行为,进而获得对自我的概念。简单地说,他人是一面镜子,我们从他人那里感受自己和理解自己,就像照镜子一样。

例如，如果一个重要人物赞成我们的行为，我们也会肯定自己的行为。

那么，这样的"自我"最初又是从哪里来的呢？库利指出，家庭作为一个初级群体使自我得到了充分的发展。在家庭里，孩子通过父母的赞同或反对形成自我意识；通过注意父母的手势与话语，开始认识父母的期望、评价和意见；并通过惩罚获得对父母反对意见的认知。由此，一个淘气的孩子，渐渐地成长为社会可以接纳的人，成为一个有教养的人。

差不多在同一个时期，米德（George Herbert Mead，1863—1931）提出了另一种解释。米德认为，在孩子出生的最初几个月里，他们并未意识到自己与他人的区别。对自我的认知是在语言的发展和对符号的理解中形成的。其中，最重要的阶段是把自己当作客体并与其他客体区分开来的时候，就像是灵魂出窍。基于这样的思考，米德区分了两种"自我"："主我"（当作主体的自我）和"客我"（当作客体的自我）。"主我"是每个人的天性部分；"客我"则是每个人的社会部分，包括对社会要求的内化和个体对这些要求的认知。

根据米德的研究，客我在社会化过程中经历了三个不相同的阶段。（1）模仿阶段。在人生的最初两年里，儿童与父母的交流主要通过"手势"，孩子不断模仿父母的动作。在这个阶段，没有客我。（2）嬉戏阶段。大约从两岁起，孩子开始角色借用，把自己想象为他人,并用他人的角色或地位进行活动,如穿着大人的鞋子来扮演大人的角色,获得从他人的角度看待自我与世界的能力。角色借用的直接影响是,发现自己与他人的区别,把自己从他人中区别出来,这就是"客我"的出现。(3)群体游戏阶段。三岁以后,儿童的认知活动开始走出家庭,与更多的人和群体发生联系,同时也把家庭看做是自己的群体,也开始关心非家庭群体的角色,关心一般意义上人们对"自我"的要求和期望。在与他人的互动中,儿童会考虑许多人、多种角色的共时行为,通过预知其他人的行为来决定自己对这些行为的反应。在这样处理自我与他人关系时,他们已将"社会"内化了,"客我"的形成过程已经完成。

也是在同一个时期,生于维也纳的精神分析学家弗洛伊德(Sigmund Freud,1856—1939)区分了三个我:本我、自我和超我。本我(id)涉及无意识记忆和生理的、心理的冲动,尤其是性冲动。对本我的强调是弗洛伊德理论的一个重要标志。自我(ego)涉及自我认知、自我意识。超我(superego)大致相当于米德的"客我",内化了社会规则的自我,即广义的社会良知。按照弗洛伊德的说法,如果一个人要达到心理健康,人格的这三个部分必须终其一生都是和谐的。

有人曾经举了一个简单的例子来说明弗洛伊德的三个我。假设你正开车赴约,在你前面的人开得很慢,如果保持目前的速度,你肯定要迟到。这时,通过正常的交通信号如喇叭或灯光,你示意你前面的人开快一点,没有效果,前面的人似乎什么都没有注意到。这时,你的本我也许要你猛踩油门去教训前面的人;自我则会考虑这样做的后果:车会撞坏、保险费会提高,甚至还可能丢了性命;超我也许会提出猛踩油门的道义与"正当性":我有权用自己的汽车去撞前面的那辆汽车吗?难道前面的人没有权力开慢一些?最后的结果是:你可能会发牢骚甚至"骂娘",但不会真的猛踩油门。

在弗洛伊德那里,人格发展是在巨大的张力中行进的。婴儿是有欲求的,却根本无法满足所有欲求。在张力中,婴儿逐渐痛苦地认识到,不是所有欲求都能马上得到满足的。正因为如此,婴儿需要学习控制自己的欲求,但这并不意味着这些欲求不存在了,控制的结果是使欲求成为无意识的一部分。

弗洛伊德还用性爱作为例子,专门讨论了异性之间如何使欲求得以控制。在儿童与父母的早期接触中,儿童已经形成了爱欲。由于身体尚未发育成熟,爱欲的表达限于接触与安抚。如果4—5岁儿童仍不能够脱离与父母朝夕相处的方式,那么,在儿童身体发育成熟时,就会对父母中的异性投以性爱。因此,4—5岁时与父母的分离让儿童压制了早期欲望的继续发展,使儿子知道不能继续"围着母亲转了"。离开父母导致的冲突(俄狄浦斯情结)又直接影响了人格的发展。

由于弗洛伊德的学说主要依据维也纳中产阶级社会的经验，很快便遭到了来自各方面的批评。女性主义指出，弗洛伊德的理论是性别偏见，是对女性露骨的歧视。温和一些的批评则指出，弗洛伊德的人格理论过于僵硬，特别是他认为早期的俄狄浦斯情结决定了人一生的人格，根本就是教条。

为了回应这些批评，深受弗洛伊德影响的艾里克森（Erik Erikson，1902—1994）在《儿童期与社会》和其他相关著作中对弗氏的理论提出了重大修正。从关心"理性"的自我（ego）入手，艾里克森把自我的发展分为八个阶段，随着人一生不同时期的发展而变化。如果说弗氏强调的是本我和儿童期的话；那么，艾里克森强调的则是自我和人终其一生的人格发展。

在艾里克森那里，"认同危机"是一个核心概念。他认为人格发展的每个阶段都由"认同危机"产生，通过对危机的解决，人获得了一个稳定的自我，包括对生活的许多基本关怀。这八个认同危机分别是：

（1）婴儿期的信任与不信任。在婴儿期，需要如果得到满足，就会产生信任；反之，就会孕育一种基本的不信任。信任与不信任危机虽然会对人的一生产生影响，但两者之间却是可以相互转换的。

（2）儿童早期的自主与怀疑。随着儿童运动机能和大脑智力的发展，独立的感觉意识即自主开始出现。如果父母能够让孩子做力所能及的事,就会让他们感受到自己有能力控制自己的肌肉、冲动、自我以及周围的环境。在实践中,儿童有时候会怀疑甚至害羞。此时,如果父母没有耐心而代替儿童去做的话,就强化了儿童的怀疑意识。在儿童进入下一步发展阶段后,就会更加感到害羞和怀疑,而不是自主,从而影响人的自主意识的获得。

（3）学龄前的主动与内疚。在临近学龄之前,儿童已能控制自己的身体。在这个阶段,孩子开始尝试创造,不过孩子对自己创造的认同主要来自于父母的评价,如果父母否定孩子的行为,就可能使孩子产生强烈而持续的内疚感。

（4）学龄早期的勤奋与自卑感。在小学阶段,儿童希望能对事物的道理获得了解,如果成年人鼓励儿童去努力探索,譬如搭积木,就会加强儿童的勤奋感;父母如果把孩子的努力看做是"捣乱"或"调皮",或要求儿童遵守成人的规则,就会使儿童产生自卑感。

（5）青春期的认同与角色混淆。进入青春期,孩子的身体发生了变化,看待世界和思考问题的方式也有重大改变。这是因为,他们的角色结构发生了较大的变化,特别是增加了一些新的角色,如男友、女友、运动员、学者及许多其他的角色。如果孩子能够顺理成章地进入这些角色,而且在此之前已经形成了较强的信任感、自主感、主动性和勤奋感,那么,进入青春期后就比那些没有形成这些感觉意识的人有更好的机会获得强烈的自我认同感和避免角色混淆。

（6）青年时期的亲密与孤独。在艾里克森那里，亲密是指一个人在无须虑及自我认同丧失的情况下热爱另一个人和关心另一个人的能力，如果不能与他人亲近，就会生活在孤独之中。亲近他人的能力在很大程度上又取决于自我认同的强度。

（7）中年期的代际关怀与自我沉浸。进入中年的人，已有了丰富的人生阅历，他们的关怀也因此超出了自己的家庭，更关心后代的成长，关心后代的生活状况。这就是艾里克森的"代际关怀"。如果这个年龄的人没有形成代际关怀，就会沉溺于自我，个人的需要和舒适就会成为他们的主要关怀。

（8）老年期的完美与绝望。这是人生的最后阶段，在这个时期的人已有了更多的时间来思考，如果人对自己的一生感到满足，就会产生完美的感觉；否则，如果后悔自己一生的过失和丢掉的机会，就会陷入绝望之中。

和弗洛伊德的理论相比，虽然艾里克森的模型近乎完美，可批评者仍然洞察到了其中的缺陷。譬如八个阶段模型也是中产阶级的模型，基本上是个人的体验，是一种抽象的理想，没有办法进行经验化的操作，自然也很难进行经验研究。

在人格研究中，另一个稍晚一些的理论就是瑞士发展心理学家皮亚杰（Jean Piaget）的发生认知论。皮亚杰关心人格发展的某个局部,即认知的发展,并试图回答这样的问题:孩子刚出生的时候,知道什么？人怎样获得新知识？在每个具体年龄,哪些知识是他们必需的？

皮亚杰的研究指出,在人的早期发展中,对意义的获得不只是通过被动地接受信息,还要通过对周围世界的感知进行选择和解释,因此,人的学习也包括积极主动的过程,且可以被分为四个不同的阶段,每个阶段都是先前阶段的继续,不仅依赖先前阶段的成功,也依赖于新的思考。

(1)感觉运动阶段——从出生到 2 岁左右。儿童长到 4 个月左右时,还没有能力将自己与周围的客体进行区分,也不能感知自己视野之外的任何存在。儿童通过接触客体、操弄客体以及用身体对环境进行探求,进而逐渐把人与物进行区分的过程就是感觉运动。通过这样的活动,儿童理解了周围世界的特征。

(2)前运算阶段——从 2 岁到 7 岁。在这个阶段,儿童用自己的观点来解释世界(被称之为"自我中心"),但并不理解其他人也可以用不同的观点来看待客体;儿童掌握了语言,并试图用语言来表述客体,以抽象形式来表现印象。但这时的儿童还不能系统地运用自己的心智能力。

（3）具体运算阶段——从 7 岁到 11 岁。在这个阶段，儿童掌握了抽象的逻辑概念，并能够运用因果逻辑。

（4）形式运算阶段——从 11 岁到 15 岁。进入这个阶段以后，孩子能够掌握高度抽象和假设性的概念，譬如能够通过假设和逻辑比较来获得解决问题的方法。

在皮亚杰看来，人的认知发展的前三个阶段具有一定的普遍性，第四个阶段就不一定了，因为形式运算的发展并不是通过简单的体验来实现的，需要依靠学校的积累性教育，如果不能获得足够的教育，就不可能形成形式运算能力。

和其他人格理论一样，皮亚杰的理论也招致很多批评。在理论层面，有人认为皮亚杰的"自我中心"概念实际上是一种错位，是成年人从自己的视角出发解释儿童行为，是成年人的"自我中心"。还有人从方法论角度认为，不能仅通过对少数几个城市儿童的观察来得出带有普遍性的结论。

让我们对本节内容来做一个简短的回顾。首先，在库利的研究中，自我只是一个模糊的概念或者体验；而米德则试图将天性的自我与社会的自我进行区分，但他们都分享了同样的假设：无论是镜中我还是客我，都不存在与社会的冲突。其次，如果我们认为库利和米德讨论的是个体与社会协调中的"我"，那么弗洛伊德讨论的则是两者冲突中的"我"，他特别关注了超我与本我之间的张力，而且只关注了儿童期的人格发展；在这个基础上,艾里克森的最大贡献就是把弗洛伊德的模型推及人的一生,并使之表现出较大的弹性。最后,在库利、米德和弗洛伊德那里,人格都被当作了一个整体,皮亚杰的研究没有把人格当作整体,而是只研究了其中的一个重要部分:认知。对认知的专题探讨使我们了解到人的学习和思考能力的发展过程。

四、影响社会化的因素

除了社会化的接受者,什么样的人或机构在对人进行社会化呢?前面的讨论已经隐约地提到了一些,譬如父母、学校等。如果系统地看,社会化的过程涉及一系列广泛的个体、群体和机构,其中最重要的是家庭、学校、同伴群体、大众传媒。

在人们的日常观念中,家庭是人的"最后港湾"。千百年来,如果说人类的许多观念都得到了改变的话,那么,对家庭与个体关系的基本观念却没有多少改变。这不仅是因为在人生的关键时刻家庭是人的最后依靠,更重要的是人从家庭获得了对最后依靠的认识:家庭始终是社会化最重要的场所。从家庭开始,人不仅获得了情感,也认识到了"我是谁",并形成在人的一生中发挥最大影响的人格。在现代社会,尽管双职工现象使得家庭照料孩子的模式有了极大的改变,但家庭在孩子社会化进程中的主体地位并没有太多的动摇。

儿童走出家庭后进入的第一个正式场所是正规教育机构，包括托儿所、幼儿园、小学、中学直到大学。根据中国现行的教育体制，人在能够区分自我与客体的时候，就已经进入受教育流程，3 岁左右进入幼儿园，6 岁左右进入正式小学，12 岁左右进入初中，15 岁左右进入高中，18 岁左右进入大学。根据中国义务教育的法规，如果加上幼儿园，一个人最少也要接受 15 年的学校教育，如果要念到大学毕业，大约是 19 年。根据目前的预期寿命，除去婴儿期的 3 年，人生大约四分之一左右的时间是在学校度过的。

学校是人在早期社会化进程中除了家庭以外最重要的社会化场所。在正式教育机构，一个对社会知之甚少的人，通过接受系统教育，逐步获得对人类社会的认识，习得社会的基本规范、文化，获得独立生存的基本技能。此外，在与同学和老师的互动中，人开始懂得规则、权威、遵从、合作、关爱、理解的重要性。

在人的社会化进程中，另一个对人格产生重要影响的因素是同伴。任何正常人在自己的记忆中都有这样的内容，某个同伴有什么东西，而自己没有，便急急忙忙地跑回来，让自己的爸爸妈妈买；或同伴那里有什么新的招数，自己也跟着学。这是最典型的同伴教育。

早期的同伴群体主要来自于亲友、邻居、同学。幼儿期的同伴群体主要是亲友和邻居；上学以后，就变成了同班同学；完成学校教育以后，就变成了同事、朋友。与学校教育阶段相比，成年人同伴群体的建构更多地受到兴趣、爱好、社会地位、职业的影响。

如果我们把自己儿童至青少年时期的同伴活动与家庭活动进行比较就会发现，自己在家里总是处于从属地位，几乎在所有事情上都得服从父母亲的决定；但在同伴中，我们具有独立的决策权，甚至可以针对他人进行决策，这就是个体的独立性。在人的社会化进程中，在同伴群体中的独立性帮助人找到了自己的位置，并对成年后在社会中寻找独立位置构成了重要影响；同伴在社会化过程中具有特殊的重要性，许多人的领袖意识便来源于自己在同伴中的角色。

另一个对人的社会化构成潜在影响并伴随社会化每个阶段的是大众传媒，包括社交媒体、报纸、杂志、广播、电视、游戏，其中最重要的是社交媒体。图像和声音是人感知世界的两类基本介质，社交媒体综合纳入了两类元素，直观地刺激人的感觉神经并与人互动，对人的认知形成最直接的影响。其中，综合社交媒体为思考能力尚处于发育阶段的儿童提供了认识自己与世界的简洁途径，为儿童提供了想象世界甚至理解世界的模板，进而直接影响了人的社会化。

电视曾经是影响儿童社会化最重要的媒体环境，根据1996年对中国城市独生子女的一项调查，孩子们平均每天接触时间最多的是课外书,为 27 分钟;其次就是电视,为 26 分钟。电视上的卡通片又深刻地影响了儿童对现实世界的认识。譬如暴力,一项对电视暴力的研究表明,电视暴力确实诱发了观看此类电视节目的少年儿童的攻击性行为。不仅如此,另一项研究表明,电视暴力也会诱发成年人的攻击性行为。电视媒体上的广告对孩子的影响也很大。很多家长都有这样的体会,孩子们常常不能记住大人教给的东西,却能够对电视上的广告词倒背如流。广告不仅让儿童记住了广告词,更让儿童相信,广告上的东西就是真的;并让他们以此为证据来对抗父母的权威。如今,各类数字媒体基本超越了电视的影响,且有过之而无不及。普华永道(PwC)的研究显示,在美国,2014 年以来,2—11 岁儿童观看电视的比例下降了 40%;12—18 岁的青少年下降了 50%;取电视而代之的正是数字媒体,如油管(YouTube)等。在英国,3—4 岁的儿童 2014 年的每周在线时间为 6.9 小时,2018 年增长到 8.9 小时。

当然,媒体与社会化的关系远不止这些。近年来,媒体尤其是数字媒体的社会影响研究已经成为社会学、传播学等领域的前沿,产生了大量的研究成果。

五、无法速成的社会化

　　人常常会有很多的无奈,年少时常常希望快些长大,想着长大了会有怎样的快乐;真等长到了 40 岁又常常想,如果我只有 20 岁该多好,至少很多事情可以重新来过。为什么会这样?从社会化角度来看,如果我们把年少无奈看做是"角色借用"影响的话,那么,年老的无奈常常源于对人格发展的误识。在很多中国人的信念中,常常认为人的很多东西是来自幼年和青少年时期,譬如有俗语云,"三岁看小、七岁看老",是说一个人年少时的特质会决定人的一生,人老了以后境况不好,追溯原因往往会认为年少时候便走了弯路,惆怅不能按照自己现在的理解和设计重新来过。

　　事实是,人的社会化不是速成的。少年时期的过程的确对人的一生有重要影响,诺贝尔经济学奖得主赫克曼(James Heckman)认为这种影响是至关重要的,但并不是唯一的。人生的每个阶段都会面临不同的环境和角色期望,每个阶段都处在学习的过程中,也处在社会化的进程中。从学生到职员、从单身到结婚、从二人世界到添丁进口、从抚小到养老,随着年龄的增长,人总在面临新的情境和新的角色期待,并试图创造新的自我。即使在离开这个世界的那一刻,也不例外。此外,人的每个时期社会化的特点也不一样。

从婴儿到儿童时期的社会化，主要是获得自我认知。

从少年到青年，人的人格甚至身体都处在戏剧性的变化之中。人要开始学习独立生活，也必须面对新的社会环境，争取自己在社会中的地位、扮演更多的和新的角色；此时，家庭不再是他们唯一的学习资源，其他的学习资源还有同伴、文献、社会信息源如媒体等。他们更容易受到家庭以外因素的影响，更容易依据他人对自己的看法来审视自己的人格，更容易采纳他人的意见和观点；同时，也更注重表现自我。在这样的张力中，青少年更容易在坚持自我与否定自我之间徘徊，甚至因此产生双重人格。

不过在这个时期，青少年仍然离不开家庭的经济支持。大多数青少年尚处于就学阶段，即使刚刚参加工作，也没有能力在经济上独立，仍然需要父母在经济上给予支持。这种状况与青少年试图保持独立形成了冲突，也对其人格发展构成了重要影响。有时候，他们甚至会感受到自己的渺小和无力，严重的，还会产生心理障碍。

进入成年期以后，人的初级社会化过程基本完成。一般情况下，人已经获得了对自我的认知，对角色期待和社会规则也有了广泛了解，社会的价值和观念也得到内化，在一定程度上能实现自我控制。只是，刚刚进入成年期的人并没有遭遇一般的社会角色，如为人父母。他们仍然处于紧张的学习阶段。与早期社会化不同的是，这个阶段的学习具有更加明确的动机，具有更大的主动性，如可以根据自己的目标来选择学习内容，根据自己的理解来重塑自己的形象；还可以运用自己的创造性去制造角色，如在社会中创造某种特殊形象。

到40岁左右，尽管人的生理尚处于旺盛时期，人格发展却进入了更年期。许多人开始对自己存在的价值、对自己的能力产生怀疑，对自己的未来感到焦虑。为此，人会重新审视已经获得的或失去的，并据此评价既有的社会价值观和社会规则，对自己未来的生活和角色进行重新定位。举例子来说，如果女性在年轻时把时间花在照顾家庭上，在孩子们离开家庭以后，便会突然感受到生命意义是如此的空洞。如果一个男子在年轻时拼命奋斗，到40岁时猛然发现自己没有什么成就，在孩子面前甚至没有了尊严，对自己的未来充满迷茫，这就进入了"中年危机"，它是一个人一生中的坎，是社会化进程中最艰难的时刻。

艾里克森认为，人最困难的态度和行为改变发生在一生中的最后岁月。当人从工作岗位上退出时会发现，原有的社会地位、权力、声望出现了很大变化。一些曾经身居领导职位的人在退休以后几乎认为自己的生命已经结束。我们经常听到这样的例子，某某曾经是什么长，在位的时候享有无上的风光，昨天刚刚宣布退职，今天走在大院里就没有人理了。每当这个时候，人都会再次思考"我是谁"？当以昔日的自我作为参照系时就会发现，我已不再：社会地位丧失、身体机能下降，需要重新依赖他人。这才是社会化进程最艰难的时候，也是新的教育或社会化的开始。

社会化进程的最后阶段是死亡。人们常说"人之将死，其言也善"。社会学家认为，这是一段浓缩了许多阶段的社会化进程。一位经年研究不治之症的内科医生（Elisabeth Kubler-Ross）认为，人在临终时要经历五个阶段的调适。最初是拒绝，不承认即将来到的死亡；接着是愤怒，认为自己不应该离开这个世界；后来是讨价还价，譬如不断希望做某件事或见某个人；再后来是沮丧；最后是接受，面对将要临近的死亡保持平静态度。

人，总是要离开这个世界的，就像不断有人来到一样。人的死亡不仅意味着生命的结束，也意味着给生者带来悲伤，让生者接受生命的真相。在这个阶段，社会学家不仅看到了死亡，也看到了对普通人来说非常残酷的现实，只要人还活着，就必须得面对社会化。在必须面对具体的、新的社会环境时，人还必须面对的另一个痛苦过程就是"再社会化"。譬如，适应陌生的环境，参军入伍以后的训练，从强制环境回到正常环境的调适，都是再社会化的过程。

六、《麦田里的守望者》的启示

一位美国军人从部队复员,在经历了 5 年的再社会化之后,1951 年发表了一部长篇小说《麦田里的守望者》。小说一经出版,立即引起轰动。主人公的经历和思想在青年中引起强烈共鸣,尤其受到学生的欢迎。他们纷纷模仿小说主人公霍尔顿的装束打扮,讲"霍尔顿式"的语言。这一现象在美国社会引发了异常激烈的争论,该书甚至一度被列为禁书。

小说的情节非常简单。

主人公霍尔顿是个中学生,出身于富裕的犹太中产阶级家庭。他虽只有 16 岁,但比常人高出一头,整日穿着风衣、戴着鸭舌帽,游游荡荡,不愿读书。他厌倦学校的一切,3 次被学校开除。又一个学期结束时,他因 5 门功课有 4 门不及格被校方开除。他并不感到难受,在和同学打了一架后,深夜离开学校,回到纽约城,但不敢贸然回家。

迷茫中他住进了一家小旅馆,在旅馆里,他看到的都是些不三不四的人,他们使霍尔顿感到恶心和惊讶。无聊之极,他去了夜总会。回到旅馆时,仍然觉得烦闷,糊里糊涂地叫来了一个妓女。可妓女到了,他却紧张害怕起来,最后,按讲定的价格给了妓女 5 块钱,把她打发走了。

早晨醒来之后,他又上街游荡,遇见两个修女,捐了 10 块钱。和女友去看了场戏,然后去溜冰。很快,他看不惯女友的虚情假意,两人吵了一架,分手了。霍尔顿独自去看电影,又到酒吧里喝得酩酊大醉,直到用凉水浇头才清醒过来。走出酒吧,冷风一吹,湿淋淋的头发都结成了冰。他想到自己也许会得肺炎死去,也许永远见不着妹妹了;于是,他决定冒险回家和她诀别。

霍尔顿偷偷回到家里,幸好父母都不在家。他叫醒妹妹,向她诉说了自己的苦闷和理想。他对妹妹说,他将来要当一名"麦田里的守望者":"有那么一群小孩子在一大群麦田里做游戏。几千几万个小孩子,附近没有一个人——没有一个大人,我是说——除了我。我呢,就站在那混账的悬崖边。我的职务是在那儿守望,要是有哪个孩子往悬崖边奔来,我就把他捉住——我是说孩子们都在狂奔,也不知自己是在往哪儿跑,我得从什么地方出来,我整天就干这样的事。我只想当个麦田里的守望者。"

父母回来了,霍尔顿吓得躲进了壁橱。乘父母去卧室的机会,他溜出家门,来到一位他尊敬的老师家借宿。睡到半夜,他发觉老师可能是同性恋,于是,偷偷逃出来,到车站候车室过夜。

霍尔顿不想再回家,也不想再念书了,决定去西部谋生,做一个又聋又哑的人。但他想在临走前再见妹妹一面。于是托人给她带去一张便条,约她见面。过了约定时间许久,妹妹才来,并带了一只装满衣物的大箱子,她一定要跟哥哥一起去西部。

因劝说无效,霍尔顿只好放弃西部之行,带妹妹去玩了一阵,然后一起回家。回家不久,霍尔顿大病一场。

故事就是这样。

我们知道,家庭和学校是社会化最重要的场所,却成了霍尔顿厌恶和逃避的地方。有人因此提出,社会化不可避免地带来人性的扭曲。可是,我们能否这样想:人不是社会化进程操纵的玩偶,社会是由人组成的,人是社会的一部分,社会也是人的一部分。

以学习语言为例,我们在学习语言的过程中都要受到语言规则的约束,对语言的掌握又使我们的自我意识和创造性获得自由发挥的舞台,最终,社会又因为这样的自由创造而获得发展,为包括我们自己在内的更多的人提供了社会化的空间。因此,与其把社会化理解为对人性的扭曲,不如把社会化理解为对个性的解放。

作为一个进程,社会化让无助的婴儿逐渐成为具有自我意识和认知能力的社会的人,让人的影响回到社会。社会化还将不同的世代连接在一起。婴儿的出生使社会的延续成为可能,让父母把自己生命的意义与子女的生活进而许多人的生活联系在一起。即使在人离开这个世界时,社会化的进程仍在延续,仍在对生者产生影响,仍在把社会与个体互动的结果反馈给社会。

观学察校问教育

　　成年人有意识地控制着未成年人所受教育的唯一方法就是控制他们的环境，让他们在指定的环境中思考和感受……学校就是这种典型的环境，通过这样的环境来影响受教育者的智力倾向和道德倾向。

——杜威《民主主义与教育》

　　杜威(John Dewey，1859—1952)，美国教育学家、哲学家，实用主义的代表人物。

设想这样一个场景：家有小儿，忽有一天，问道，"爸，我明天可以不上学吗？"父亲一时没有会意过来，随口应了一声，"嗯！"却突然听见了欢呼声，"哦……！明天不上学了！"父亲这才想起，明天既非周末，也非公休日，怎么可以不上学呢？回头狠狠地说："不行，明天得去上学！否则周末不带你去玩了。"在今天的中国，我们有理由相信，这样的场景绝不只发生在一个家庭，甚至每个人在自己的成长经历中，都会有这样那样类似的记忆。

《中华人民共和国义务教育法》实施 30 多年来，我们还不时从媒体获悉有适龄儿童因各种原因而辍学。2019 年政府工作报告还要求"开展贫困地区控辍保学专项行动、明显降低辍学率"。虽然在很多地区实施了九年制义务教育，可对农村少儿群体中的大多数人来说，初中教育已是他们的"终极教育"，农村孩子初中阶段的辍学率高达 18％—31％，年级越高，辍学风险越高。

也有父母因各种原因不愿意承担子女的教育费用，在万般无奈之下，子女为求学将父母告上法庭。浙江省衢县大洲镇中心小学三年级学生，12 岁的毛晓玫向父亲讨要学费，不仅分文未得，还挨了一顿打骂，母亲又以自己生活困难为由拒付晓玫的学费。面临失学的毛晓玫万般无奈，把自己的父母告上了法庭。沈阳 15 岁少女张旭的父母在离异后的 12 年中一直未尽抚养义务，使张旭面临辍学的危险和无法生活的困境，迫于无奈，张旭只好将父母推上了法庭。武汉市 20 岁的刘华父母离异，父亲拒绝承担亲生女儿的抚养费用，致使没有经济来源的刘华只好以半工半读的方式艰难地维持着自己的求学生涯，为了专科升本科的学费，在多次与父亲讲理不成的情况下，刘华将亲生父亲告上法庭，要求父亲保障自己受教育的权利。类似的例子还有不少。

为落实义务教育，近年还有政府将家长告上法庭的案例。2019 年 12 月 20 日，云南省丘北县人民法院在官寨乡中心学校开庭审理一起"官告民"案件。两位父亲因为相同的案由成为被告：他们的孩子因为不同原因辍学，多次劝返无果后，官寨乡人民政府作为原告，起诉孩子的监护人，请求法庭敦促他们履行法律义务，把孩子送回学校。2019 年的最后一个月，丘北县法院受理了 15 起此类案件。

有的人有学不愿意上，有的人想上学却没学上，还有的人为了上学不惜将亲生父母告上法庭，更有政府将辍学孩子的监护

人告上法庭。这些现象引发我们的思考:学校是什么? 为什么
要上学? 不上学又怎么样? 社会学如何看待这些问题呢?

一、作为社会制度的学校教育

我们已经知道,人的几乎一切社会特质都是后天习得的。
早期的学者们为了说明学习对人的重要性,甚至说新生的婴儿
就是一张白纸,社会可以在上面涂抹任何的图画。沃森(J. B.
Watson)1924 年说,如果给他 12 个身体健康、发育良好的婴儿,
让他们在他指定的环境中长大,那么他能够保证把任意一个挑
选出来的儿童培养成任何一种他选定的专家,甚至能培养成乞
丐和盗贼,而不管他的天资、嗜好、倾向、才能,以及他祖先的种
族状况。尽管沃森的观点招来了多方面的批判,可人们仍然承
认的一点就是,学习,无论对个体还是对社会,都是极其重要的
社会行动。

在现代社会,家庭能教给社会成员的能力和技艺是非常有
限的。人们不得不寻求能替代家庭并能使人获得社会属性的学
习方式。学校是大多数人的选择。《中华人民共和国义务教育
法》规定,凡具有中华人民共和国国籍的适龄儿童、少年,不分性
别、民族、种族,应当入学接受 9 年义务教育。

现实情况是,在城市地区,大多数儿童 3 岁左右便被送入了

作为正规教育前奏的幼儿园。在那里,孩子们不仅学习基本的生活技能,也学习基本的文化知识。很多孩子在上小学之前已经学会了汉语拼音,甚至能认识几百个汉字、做简单的加减法,不少孩子还学习了外语。到了小学、初中以后,学生要根据教学大纲的规定学习知识,完成9年义务教育。通过了升学考试的学生,可以升入高中继续接受教育,并有机会参加国家高等学校入学考试。考试成绩达到各省(市、区)规定分数线的,通过个人自愿、学校录取的方式,进入高等学校接受专门教育。

学校教育自古有之。不过,当下我们看到的学校教育是非常晚近才发展起来的,也是工业化的产物。中国最早的国立大学"京师大学堂"成立于1898年。在此之前的学校教育是什么样子?为什么不同时代采用不同的学校制度呢?

还是让我们从中国教育制度的源头说起。既有的文献告诉我们,中国的学校教育制度大约产生于公元前21世纪的夏朝,西周时期(前1046—前771)已经有了比较完整的学校教育体系:国学(小学、大学)、乡学。汉代的学校教育体系分官学、私学两种,政府运用官学选拔各级政府官员,通过私学普及文化教育。

官学是汉朝以后政府主理的教育机构。汉朝中央官学"太学"的人数曾经达到过3万人;唐时,中央官学中除了太学以外,还设置国子学、四门学、算学、律学、书学等专门的学科。到宋仁宗庆历三年(1043)时,还创办了武学,宋徽宗时又有了画学,宋代官学系统中还置有小学,对儿童进行启蒙教育;京城、州、县设立小学,政府还规定了 10 岁以上儿童入学和升学考试的办法。元代的地方官学得到了很好的发展,《文献通考》中说,至元二十五年(1288),地方官学有 24400 余所;到明代,除府、州、县设立官学外,广大农村还设有"社学"。

与官学相辅相成的是私学。从春秋时期以来,私学始终是中国教育制度的重要组成部分。与官学一样,除了儒家经典之外,私学也讲授一般文化知识如算学。另一种采用私学形式又不同于私学的教育制度是书院,它具有民间和官方双重性质。书院最早出现于唐玄宗时期,官学的不稳定使得地方儒生不得不通过就读书院的方式接受教育。与私学不同的是,书院有产业,譬如宋朝的书院大都置有田产,用来进行生产活动,保证书院的基本物质和生活需求。著名的书院有白鹿洞书院、石鼓书院、嵩阳书院、岳麓书院、应天府书院、茅山书院。据《文献通考》记载,宋朝的书院多达 397 所。

无论官学、私学还是书院,对现代中国人而言,都好像是远在天边,其实不然。到目前为止,中国现代教育制度的历史也不过百年而已。19 世纪 60 年代的洋务运动使中国政府认识到,既有的教育制度已经没有能力为政府提供适应时代之需的人才了。为适应外交的需要,1862 年,清政府设立京师同文馆,后在上海和广州分别设立了广方言馆;为学习西方技术,制造枪炮、舰船和训练新式军队,又在各地创办了与技术和军事有关的学堂。随着工业的引进与发展,以讲授工业技术为主的实业性学堂也应运而生。在这样的环境下,高等官学,包括军事、实业学堂所需的基础知识很难通过过去的"小学"而获得。也就是说,新学与旧学之间出现了断裂,两者无法匹配。于是,在戊戌变法(1898)之后的变法潮流和义和团运动的声浪中,清政府表示要实施"新政",1902 年颁布了《钦定学堂章程》,1904 年 1 月又颁布了《奏定学堂章程》,奠定了中国现代学校教育的基础。

《奏定学堂章程》规定了当时的学制系统,把学校教育分为初等教育、中等教育和高等教育三等,分别规定了各等学校的目标、年限、入学条件以及相互之间的关系。

在初等教育之前有蒙养院(3—7 岁儿童)。初等教育分为两个阶段,初等小学堂"以启其人生应有之知识,立其明伦理、爱国家之根基,并调护儿童身体,令其发育为宗旨",要求儿童 7 岁入学,5 年毕业。高等小学堂招收初等小学堂毕业生,"以培养国民之善性,扩充国民之知识,强壮国民之气体为宗旨",没有入学考试,修业 4 年毕业。中学堂招收高等小学堂毕业生。如果人数不足,可直接入学;如果人数过多,则通过考试入学。这个阶段学制 5 年,是进入大学堂的必经之路,毕业之后也可以直接就业。

高等教育也分为两个阶段,高等学堂招收中等学堂毕业或具有同等学力的人士，分为 3 类：第一类为大学堂经学科、政法科、文学科、商科的预备生；第二类为大学堂格致科、工科、农科的预备生；第三类为大学堂医科的预备生。学生任选一类，学制 3 年。大学堂分 8 科（经学科、政法科、文学科、商科、格致科、工科、农科、医科），每科又分为若干门（相当于现在的大学专业），共有 46 门，学生可选 1 门，除政法科和医科需修读 4 年以外，其余均 3 年毕业。此外，大学堂还设通儒院，"为研究各科学精深义蕴，以备著书制器之所"。

1904 年的学制还包括了各类实业学堂，目的是"使广大人民均有可执之业，虽薄技粗工亦使略具科学之知识"。初等实业学堂有农业、商业、商船三种，招收初等小学堂毕业生和同等学力者，2—3 年毕业。中等实业学堂有农业、工业、商业、商船四种，分设本科和预科，本科招收高等小学堂毕业生和同等学力者，学制 3 年；预科招收初等小学堂毕业生和同等学力者，学制 2 年。高等实业学堂也分设农业、工业、商业、商船四科，招收中学堂毕业生和同等学力者，学制 3—5 年半不等。

1904 年学制的设置既借鉴了日本 19 世纪末的学制，又保留了原有官学制度的精髓，即在保留经学教育的同时，一方面"从幼童入初等小学堂始……晓之以尊亲之义，纳之于规矩之中。一切邪说波词，严拒力斥；使学生他日成就，无论为士为农为工为商，均上知爱国、下足立身，始不负朝廷兴学之意"；另一方面又将学校制度与传统科举制度相比照,使各科优秀毕业生能获得官职。

中国的学校教育制度,无论是传统的官学、私学制度还是1904年的现代学校制度,都是国家制度的重要组成部分。中国现代学校制度的基本目标是使所有接受教育的人口"上知爱国,下足立身"。

中国如此,世界各国亦不例外。在欧洲,19世纪中叶,荷兰、瑞士、德国已经实现了小学的义务教育;1870年,英国开始实施义务教育制度,使学生离开学校的年龄从10岁提高到了14岁;美国政府于1825年颁布了第一部义务教育法,到1950年之前,联邦各州都实施了免费的初等教育。1948年的《世界人权宣言》将受教育权利作为一项基本人权,第二十六条明确指出,人人都有接受教育的权利,至少在初级和基础教育阶段实行免费的、强制性教育。还应该充分提供技术及职业教育,并为每个人提供平等入学的高等教育机会。

世界各国的学制不同,人口的受教育年数也差异巨大。联合国教科文组织(UNESCO)的数据显示,在有数据的国家中,2018年平均受教育年数最高的是德国和爱沙尼亚,14年;其次是美国和拉脱维亚,13年;再次是丹麦、奥地利、荷兰、塞浦路斯,12年。与之形成对照的是卢旺达,4年;马里,不到2年。尽管如此,各国人口的受教育年数一直处于增长之中。更重要的是,第二次世界大战以来,学校教育是每一个现代社会都采用的教育制度。世界各国的共识是,学校教育是培养国民素质的摇篮。

二、学校教育的功用

对教育与社会的关系,社会学有众多研究。我们可以从社会和受教育者个体两个角度来试着理解为什么教育是任何一个现代社会都采用的制度。

受教育者视角

人们都知道教育重要,或像一些人理解的那样,文凭重要。无论是农民工进城打工还是大学毕业生求职,用人单位首先要看求职者的文凭。对个体而言,每一个希望得到一份工作的人,都面临受教育水平的考量。举一个例子,如果你要在北京的大街上扫马路,你可以是一个文盲;如果你要在威斯汀酒店之类的高级饭店里看厕所,至少也得要高中毕业,甚至还要能说上几句英文。

不错,现代社会的就业机会的确围绕着文凭在转。确切地说,是围绕着文凭的属性在转。持有高声望学校文凭的人一般会比其他人获得更多的报酬和更容易获得晋升。当然,也有反例,在某人才招聘会上,某用人单位也公开挂出告示:"北大清华的学生免谈"。当记者问及缘由,招聘方说,北大清华的学生眼高手低,思维能力强,动手能力差,容易对现状表现不满,难以管理。尽管如此,如果你要在现代社会找到一份职位,就得有一张文凭。的确,从受教育者来看,学校教育的第一个功用是提供一张进入社会的通行证。至于进入社会的哪个层次,得看你拿的是一张什么样的文凭。

对受教育者而言,学校教育的第二个功用是为社会流动提供渠道。从魏晋时期实行九品中正制、隋文帝实施科举制度到如今高等学校执行入学考试制度,学校教育为中下层社会成员向上流动提供了正式渠道。且不说科举时期的考试,只说1958年城乡户籍分隔以后,学校教育为农村子女进入城市社会提供了有限渠道,也是最直接、最畅达的渠道。根据教育部数据,1977年恢复高考以来,中国高等学校普通本科的招生人数从1977年的27万增加到2018年的423万,如果以农村生源15%计,意味着2018年大约有64万农村户籍人口有机会进入城镇。据2019年《中国统计年鉴》,2018年高中毕业人数为7828452人,以经验数值15%计算农业户籍学生,预估农村生源1174267人,这就意味着,农村考生中大约58%的毕业生升入了普通高等学校本科。对城乡差距仍然存在的中国而言,高考无疑是农村学生最有效的向上流动方式。其实,这样的道理不仅对农村生源适用,对城镇生源也同样适用。

　　除了提供文凭与向上流动渠道等关涉个体物质利益和社会地位变动的有形功用,学校教育更重要的功用是直接影响国民素质的培养(修身)和价值观的习得。在中国文化中,"修身"是一个意义丰富的表述,曾子《大学》有云:"所谓修身在正其心者,身有所忿懥,则不得其正;有所恐惧,则不得其正;有所好乐,则不得其正;有所忧患,则不得其正。心不在焉,视而不见,听而不闻,食而不知其味。"修身的首要宗旨在于让人具有一个社会需要的品质,使其心正。学校教育是修身最重要的方式,《三字经》称之为"人不学,不知义",知书才能达理。对此,帕森斯提出,通过学校教育,个人的人格得以养成。如同个人的责任感与能力一样,在个体未来的角色扮演中,个人素质是最基本的起点。美国学者的研究还发现,受教育程度对态度和见解有很大的影响,一个人受教育程度越高,就越有可能抛弃偏见和狭隘观点。

　　另一个与修身有关的是技能的习得。父传子式的家庭教育能传授的只是祖传技能,而学校教育却可以让每一个家庭的子女有机会掌握社会所需的各种技能。在现代社会,个体的技能获得已越来越少地依赖家庭,而越来越多地来自学校教育。知识学习就更是如此。我们尽管可以找到"自学成才"的典型案例,更多的成才者仍然是学校教育出来的。积累前人的知识是进行知识创新的基础,学校教育更多地为个体进行创新提供了集约式的环境。

当然,个体的社会行动是在具体社会环境中发生的,学校教育的功用既针对个体同时也针对社会。

社会的视角

对社会而言,教育的第一个功用是将社会的文化和价值观念传达给社会成员。杜威(John Dewey)认为,学校教育就是提供一种环境来影响受教育者的智力和道德。学生在学校除了学习书本上的知识和技能以外,学校的组织、教学活动、部分教学内容都传达给学生一个清楚的信号,什么是"对"、什么是"错"。对对错的区分是一个社会基本价值观念的表达,也是一个社会文化的重要组成部分。一个社会的共同价值观念,如同涂尔干的"集体意识"一样,是一个社会凝聚的纽带,是维护国家利益的社会基础。对社会而言,学校教育的第一个重要功用是通过传授社会共同的价值观和文化,延续和加强社会的凝聚力量。

第二个重要功用是进行社会控制。在传授社会共同价值观的同时,学校也在向社会的下一代传达社会规范。对规范意义的理解与内化,使得下一代社会成员明确地知道什么样的行为是社会认可的,什么样的行为是社会禁止的。举一个例子,在学校中,打架是被禁止的。学校不断地告诫学生,打架不仅不道德,是对他人人身的侵犯,也是违法(社会共识的行为准则)的,法律对打架是有制约的。学校对具有如此行为的学生也有相应的处罚。学校的处罚正是对社会规范的强调。它让学生明白，个体行动是受到社会控制的。

学校对学生进行社会控制的另一种方式是"打分"。学生的学业成绩是通过分数来表达的。让学生面对分数，不仅是告诉学生你对什么知识还不了解，更重要的是让学生知道，社会对知识的要求是有标准的。且标准具有强制性和权威性，达不到某种标准就得不到社会的认可。举例来说，60分标准。在中国，从小学开始的学校教育中，对学生成绩的评判采用的基本是100分制，认定60分为及格。60分意味着什么呢？其含义是，对于要求掌握的知识，必须要掌握大部分。在这个意义上，分数标准变成了一种社会权威，学生必须服从权威，并得到权威的认可。

学校进行社会控制的第三种方式是充当监护人的角色。从进入幼儿园开始一直到高中，儿童和青少年的白天时间基本上都是在学校里度过的，学校用教学活动来填充一个人在进入成年之前"不能控制自己行为"的时间，并教育学生如何控制自己的行为，使学生不可能用"不能控制自己行为"的方式对社会造成危害，同时也保证他们的身体和精神安全。

学校教育的第三个重要功用是进行人力资源筛选和储备。社会分工是现代社会的特征之一，在工业社会和信息社会，分工的细密化要求人们掌握不同的知识。每个人掌握知识的能力又受到多种因素的影响，不仅有生物性差异，也有社会环境的差异。如何让每个人找到自己合适的位置，同时又使社会分工的职位获得适当人选，学校承担了鉴定人们知识水平和能力的角色功能。在筛选和鉴定机制中，考试是一个重要机制。通过考试，一方面将不同能力和知识的人送往不同的职业候选类群，另一方面帮助学生了解自己的能力和知识，使学生明白如果要改变自己的职业就需要补充哪方面的知识与技能。

学校教育也是人力资源的重要储备机制。一个可以直接观察的现象是，当劳动力市场需求旺盛时，人们会带着自己的知识和技能进入工作岗位；当工作难找时，人们会回到学校学习，以备将来进一步发展之需。在学校教育中，生源的钟摆现象不仅中国有，美国有，西方其他国家也有，在工业社会尤其如此。

对社会而言，学校不仅传播知识，也是知识创新和研发的重要基地，教育的另一项社会功用是促进社会的发展和变迁；在现代国家，学校教育的职能不仅是教学生学习知识，还要教育学生如何通过科学研究来创造知识。举例来说，中国政府每年在高等院校投入大量的科研经费，资助许多科研项目，其中一部分项目正是通过老师带学生的方式在进行。在老师带学生的过程中，社会创造力获得了延续，无论创造的成果是可以马上应用还是要通过其他环节才能应用，都意味着最终将促进社会的发展和变迁。

学生在与教师的互动中,获取知识是其一;在潜移默化中,相互影响各自的"三观"是其二。学校教育促进社会发展的另一个方式正是让年轻一代学会用自己的头脑思考社会问题和寻求解决社会问题的途径。一个经典的例子就是北京大学和"五四"运动的关系,对科学和民主的推崇促进了一代新人的成长和进步,直接影响了中国社会的发展。一个现实的例子是中国在实施改革开放政策进程中的观念更新与发展,如对市场经济、法治、民主等观念的理解、传播与发展,都是在教与学中展开的。

综合学校教育对个体和社会两方面的功用,我们可以说,在社会历史的发展过程中,已经积累了一批使社会顺利运转的知识和技能,个体如果不学习和掌握这些知识和技能,很难成为社会的合格一员。使个体获得这些知识、技能的捷径就是学校教育。同时,学校教育通过使社会的下一代获得知识、技能和共同的价值观保证了社会的延续和发展。

如果说,教育作为一项社会制度对个体和社会的发展具有至关重要的作用,那么,社会的每个成员都应该有接受教育的平等权利。像沃森说的,每个人可以成为他想成为的人。可本章开篇的事实已经告诉我们,人们接受教育的机会并不是平等的。并非每个人都可以通过学校教育而成为他想成为的人。为什么呢?因为,现实中的教育还有它另外的一面,那就是,它并不总是积极的和正向的。要不然,就不会有那么多家长为孩子的就学问题犯愁了。

三、对学校教育的反思

如果要问家长们为自己的孩子犯什么愁？大部分家长恐怕都会给出相同的答案："学习"。在社会学家看来，这两个字在不同社会背景下，有极其不同的含义。这里我们想用中国的升学制度作为例子来讨论。

根据《中华人民共和国义务教育法》，小学和中学属于义务教育范围。不过，学校教育活动并非止步于义务教育。从高中开始，教育活动便进入升学体系。通过统一的升学考试，筛选进入下一阶段学习的生源。

问题是，学校教育和知识获得都是累积性的。如果没有很好的前期基础，很难在下一个阶段的学习中获得好成绩。如果要在高中学习好，在初中阶段就必须认真学习。同样，如果想要在初中有很好的成绩，在小学阶段就必须好好学习。这样，即使是在义务教育阶段，为了应对高中的入学考试，从小学开始，学生便不得不接受升学考试制度的约束。

学校也要接受考试制度的约束。升学制度是人们未来获得职业、社会经济地位、声望的基础和起点，家长自然对学校寄予厚望，希望学校为自己孩子的"前途"提供顺畅的通道。如果只有一两个家长如此，倒也罢了，不会对正常的义务教育构成影响。问题是，哪个家长不希望自己的孩子有美好的前程呢？这样，家长的力量构成了一股强大的社会压力，学校不得不对这样的压力做出反应。与此同时，家长的压力也针对现行的教育制度，政府也不得不制定相应的政策，鼓励学校满足家长的要求。

如何才能满足家长的要求呢？如果所有学生都有平等机会进入高中甚至大学，或者所有学生都能有"好老师"指导当然最好不过。可是，在任何国家，高等教育机会都属于稀缺资源。即使中国每年招收近 800 万本科和专科学生，与当下每年初中毕业生 1380 万、小学毕业生 1610 万、学前教育 1790 万学生比较，仍然只有不到 1/2 的小学毕业生有机会接受专科或本科教育。在每位学生都想上大学的需求环境下，好的小学和好的初中，包括好的老师便成为另一种稀缺资源。每位家长都希望自己的孩子能进入好的小学、好的初中，以便有更多的机会进入好的高中，进而有机会进入大学，如此，义务教育的社会基础也就完全被瓦解了。在组织研究中，有一条社会规律是，个体理性会导致集体或组织的混乱，说的就是这一现象。

为了保证义务教育的性质，中央乃至地方政府都制定了相应的法律、法规和政策，试图阻止社会力量对教育资源的不良竞争。譬如，就近入学，小学升初中取消考试，对跨区入学的高额收费等。所有这些努力其实也没有遏制升学制度的影响。一方面,高中不受义务教育法的约束,在历年的高考中,各地的每一所高中早已被迫接受三六九等的定级;另一方面,为了保证学校的声誉(升学率),学校内部也不得不采用相应的办法,依据学生成绩分班是一种通用的办法。

从小学开始,依据考试成绩,学生被分到不同的班级,"实验班""快班""尖子班""特长班",各种类型、五花八门。学校为每类班级配置不同的资源,如把最好的老师和教学资源配置给实验班,让实验班使用不同的教材、不同的教学方式,甚至不同的考试试卷和评分标准。小学如此,初中亦是。等到中考揭榜,考上重点高中的人数,变成了社会评价学校教学质量的标准。在这样的社会环境下,无论小学还是中学,为什么要把精力放在义务教育要求的素质教育上呢?

放眼世界,这样的现象不仅中国有,几乎各个国家都存在。在新加坡,学生在小学阶段就被分到各种不同的班级。《观察家》的报道指出,在英国,人们也通过花钱、搬迁、谎报住址、找关系、改信宗教、资助学校等方式来保证自己的孩子进入"好学校"。根据奥克斯(Jeannie Oakers)的调查,在美国,分班也是一种默认的制度,不同成绩的孩子被分在不同班级。名牌大学也更愿意招收联考中有好成绩的学生。在日本,韩国,中国香港、台湾,都有类似的高考制度。从小学开始,学生就被分在不同程度的班级。

分班制度的后果之一是,在孩子们尚没有理解社会是什么的时候就被社会贴上了某种标签。社会学研究进一步指出,社会标签对孩子以后的发展有着实质性的影响。奥克斯的研究指出,在同一个年级,学生之间也使用标签。在好成绩群体中的人就被认为是成绩好的人,别人这样看,自己也这样看;反之亦然。更加普遍的情况是,成绩好的学生往往会得到善待,学校和老师会花更多资源在他们身上,也会以他们为荣。成绩差的学生往往被应付,在课程质量、教学资源等方面都会获得更差的待遇。美国如此,英国也不例外。

既有研究结果指出,在有分班制度的学校,被分在"慢班"的学生会像其他人一样认为自己就是"笨",掌握的知识就是不如"快班"学生,甚至根本不可能成功。在时间的长河中,这些学生对更高层次职业的渴望渐渐消失。等到一定年龄,他们往往会辍学。对中国农村适龄儿童辍学研究的结果表明,最先离开学校的往往是班上成绩排最后几名的学生。老师认为他们不行,家长认为不值得继续在他们身上投资,他们自己也认为没有前途(升学的希望)。不离开学校,还等什么?

冲突论告诉我们,看似合理的分班制度实际上是强化了既有的社会分层结构。表面上看,分班是为了保证按每位学生的学习能力来安排教学,避免使学得快的学生感到枯燥、学得慢的学生有挫折感,实际上却是把社会上存在的社会分层体系搬到了课堂上。

威利斯(Paul Willis)的研究从另一个侧面表明,学校的确在复制既有的社会结构。工人阶级的子女轻视学校的等级结构、轻视"听话"的学生,为自己自由自在的行为感到自豪,并从学校制度看到了社会的结构。与其他研究结论不同的是,威利斯的研究表明,工人阶级的子女并没有为不能获得更高收入的职业而感到自卑,也不因为从事如安装轮胎、修理管道等体力类型的劳动而感到自卑。相反,他们有一种轻松的优越感。鲁特(Micher Rutter)对伦敦学生的研究表明,学校在维持既有社会结构方面的确发挥了决定性的作用。但同时,学校的组织和环境也可以消除外部因素对学业成绩的影响。农村学生进入重点大学的事实也是一个很好的佐证。

也有研究认为,学校的分班制度不是学校的一厢情愿,而是因为不同来源的学生的确在学业方面有很大的差异。学校没有强化既有的社会结构。"慢班"的学生更多地来自少数族裔、底层社会的家庭。20 世纪 60 年代,科尔曼(James Coleman)曾经做过一项研究,收集了大约 50 万名学生的信息。研究结果表明,学校提供的物质条件对学生的成绩影响不大,决定性的因素还是学生的背景,包括家庭、邻居和同伴。学生的成长和生活环境使学生获得了一种认同,那就是他属于哪个群体,并把认同带到学校,又从学校带到了成年生活中。

科尔曼的研究在西方社会引起了激烈的争论，并把战火引向了学校教育以外的对智力、学业、职业成就之间关系的讨论。近些年，对分班教学，中国学者也有众多研究，研究结论也围绕着分班的利弊争论不休。

四、为什么一定要考试？

学校教育制度被人批判的另一个方面是考试。一方面，人们不断地参加考试，从进入幼儿园开始就面临考试，课程考试、期中考试、期末考试、升级考试、升学考试，一直考到从学校毕业。参加工作以后，还要面对各种考试，资格考试、能力测试、晋升考试，实在是烦不胜烦。另一方面，人们又搜集各种证据来证明，考试并不能说明一个人的实际能力，成绩好的学生不一定就能力强，成绩差的学生也不一定就能力差。

一项对哈佛大学毕业生的跟踪调查显示，在毕业生们人到中年的时候，根据他们的职业进行评估，发现那些在学校里成绩好的学生在职业地位和成就方面，比成绩不那么好的只是略好一点点。对在贫民窟长大学生的跟踪研究同样显示，智商与以后的职业成就只有一小部分关系。

无论社会学研究的结果如何，现实情况是，无论在哪里，人们还得面对考试。于是，针对考试的批判源远流长，始终不断。

以高考为例,在"中国中小学教育教学网"首页曾有这样一段描写:

> 黑色七月正在降临,闷热与阴霾致使所有与高考沾边的人透不过气来。一个年轻公民 12 年的教育前途就悬系于每年七月的三天。看着精疲力竭的考生,憔悴的家长,着了火一样的学校,我们不禁要质问:为什么减负与素质教育的浪涛怎么也淹不过高考一条"分数线"? 接受高等教育到底要付出多高的代价? 这种竞争平等吗? 这样分配受教育机会公平吗?

说到高考,人们不仅质疑高考的公平性,更对高考制度发出严厉的谴责。不少人认为,考生轻生是高考的错,高考不中、抄刀弑父是高考的错,考试(集体)作弊是高考的错,考上大学以后依然迷惘还是高考的错。对种种社会恶习的剖析也试图从以高考为代表的考试制度寻找根源。山东省青岛市的三名考生甚至带着律师跑到北京,向最高人民法院递交行政诉讼状,起诉教育部侵犯了公民的平等受教育权利。更多的人还质疑,为什么北京地区的录取分数线要比某些地区少 150 分。

其实,头脑清醒的学生知道,考试只是考试,未来的问题并不是光靠考试就能解决的。可为什么还是要考试呢?

还是让我们用高考作为例子来进行简短的分析。

在中国的初等教育体系中，的确存在着制度冲突。以义务教育为目标的小学和初中教育由于受到高考升学制度的干扰而难以实施。那么，在升学制度中，是否可以不采用考试制度呢？在回答问题之前，让我们先看看考试到底是什么？

只要针对各种考试进行科学的调查就可以发现，考试大致分两个大类：基本知识测试，检验考生对知识的掌握程度；专门能力测试，检验考生对专门知识和技能的掌握程度。学校教育的考试属于第一类。

学校教育的职能之一是传播知识，义务教育的基本理念是让每位社会成员享有接受教育的平等权利。在理想的状态下，两者之间是一种自然的结合：一方传播知识，一方享有获得知识的权利。其背后的假设是，人们自愿地接受教育，学校毫无偏见、毫无倦怠地传播知识。问题是，我们怎么能保证传播知识和接受教育的权利不被滥用？

为了证明权利没有被滥用，人们必须寻找适用的测量工具。除了考试，我们还有其他更为简捷和有效的测量工具吗？自从有学校教育开始，人类为此已经探索了多少个世纪，至少到今天，似乎还没有找到替代考试的其他测量工具。考试，仍然是几乎所有学校教育最通用的约束实施教育和接受教育双方不滥用各自权利和检验知识传播效果的工具。

那么,升学是否可以不采用考试制度呢?升学似乎既不涉及权利滥用,也不涉及检验知识传播效果,更不涉及从事专门工作的知识和技能问题,为什么还要考试呢?

当我们说到实施教育和接受教育双方时,也有一个基本的假设,那就是,双方之间不存在任何冲突。可在中国教育体制中,这个假设并不存在。以2018年各个阶段的毕业生人数为例,学前教育毕业生17906336人,普通小学毕业生为16164927人,初中阶段教育毕业生为13831576人,高中阶段教育毕业生为12701212人;以这4个数字为依据,在理想状态下,假设所有学前教育毕业生升入小学,小学毕业生都升入初中、再升入高中,再过3年,这些高中毕业生如果直接升入大学,则大学的招生能力需要扩大近3倍。从义务教育到升学教育的转换中,实施教育和接受教育的双方之间,存在着严重的供需冲突。由于高中教育的目的主要是为升入大学作准备,所以,高中招生时就必须尽量缓解升入大学时的供需矛盾。

问题是用什么样的办法来解决这样的冲突呢?让我们先讨论中学。对教育的历时考察告诉我们,人类在探索公平教育的历程中尝试过各种方法来试图解决这样的矛盾。

第一种被广泛采用的方法是推荐。"推荐制"的基本假设是有一个公正无私、了解和洞察学生一切情况,并且不受各方干扰,将最优者推荐上去的"知情者"。实际上,任何社会都不存在这样的"知情者"。在某种意义上，"推荐"也是不公平、腐败的同义语。中国最早的人才选拔制度就是推荐制，后来被制度化为"察举制"。"文革"废除考试并实施"推荐"制度，结果让推荐变身权力的角斗场；目前的高考自主招生，在许多地方也成为有权势者的特权操演舞台。台湾取消联考（相当于大陆的高考），旋即出现舞弊。有学者明确指出，多元入学对弱势家庭的学生不公平。多元入学意味着用多种竞赛成绩作为评审标准，学生必须准备许多相关资料以备审核。而每一次入学申请都要交付费用。家境较好的学生，可以花大笔钞票参加各种竞赛，甚至印制精美的个人资料册，而中下阶层家庭的学生缺乏这样的条件，在升学竞争中自然处于弱势。有校长指出，高中生推荐入学资料造假率高达七成以上，大学在审查时也难以甄别。

第二种被广泛采用的方式是支付学费。支付学费的基本诉求是，缴纳费用作为接受教育资格的条件。在发达国家的非义务教育中，这是一种普遍采用的方式，不仅私立中学可以通过缴纳学费获得就学资格，有的公立学校亦如此。这种方式的严重缺陷是排除了社会弱势群体。为了弥补缺陷，私立学校建立了奖学金制度，公立学校还有免费制度。这些制度能够正常运作的一个前提是，提供教育和接受教育的双方之间不存在不可调和的供需矛盾。

第三种广泛采用的方式是就近入学。这是近些年许多地方采用的方式,目的是让所有受教育者在一定地域范围内享有接受相同教育的平等权利。但在实施中,由于升学制度对义务教育制度的影响,家长还是想尽办法让孩子择校。权力、关系、金钱蜂拥而入。由于对择校活动没有制度约束,加上好学校、快班数量又极其有限,对社会弱势群体而言,即使拿着钱也不一定能获得"门票",甚至"想交这几万块钱还要求爷爷告奶奶"。因此,在择校中充满各种黑幕也就不足为奇了。中国如此,不少发达国家如英国美国也不例外。

第四种曾经被采用的制度是为所有人提供机会。在"文化大革命"中,从小学到高中,实施的是免费教育制度。不过,免费教育制度需要其他制度作为支撑,包括社会财富分配制度、组织制度和意识形态。对"文革"期间的免费教育,学者们反思的不仅是教育质量,还有勤工俭学、学工和学农活动让学生用于书本知识学习的时间大为减少,加上教师质量和数量的影响,使得高中毕业生的知识水平大约仅相当于现在的初中毕业生。

如果各种尝试都不能解决我们的问题,考试便成为唯一选择。几乎在所有提供学校教育的地方,尤其是在教育资源不均衡甚至短缺的地方,考试仍然是相对公平的、让受教育者获得更好受教育机会的方式。即使在采用学费制度的学校,考试也是获得奖学金和免费资格的唯一手段。我们可以抨击考试的种种弊端,但在优质教育资源短缺的社会环境下,与其他各种方式比较,考试仍然是能够为所有受教育者提供公平机会的唯一手段,尽管不是最好的,却是最有效的。在找到更加有效的、更公平的手段之前,升学考试和其他考试一样仍然是最适用的形式。在统计学意义上,如果试卷能够正确测量需要测量的对象,考分就是考生水平和能力的体现。

不仅升学考试如此,各种考试的理论逻辑都一样。这大概是为什么考试作为一种选择机制存在于所有社会的根本原因。

五、教育与不平等

教育与不平等的关系是社会学关注的基础议题之一。许多学者都在这个领域进行了经典研究,如科尔曼对教育与种族不平等的研究、詹克斯(Christopher Jencks)对教育机会均等与社会平等关系的研究等。对于中国社会的城乡差别,也有人部分地归因于城乡教育机会的不平等。这里,我们将以一份网上的讨论为例,讨论城乡教育机会的问题。

20 世纪 90 年代,曾有一个关于城乡教育机会不平等问题的讨论,说农村人与城市人比较,接受高等教育的机会只有城里人的 1/16。讨论引用了几个数据:(1) 城乡人口之比为 2∶8;(2) 1999 年底《中国青年报》的一篇报道指出,对北京多所高校 2000余名学生的抽样调查发现,在这些学生中,来自北京的学生占

28％,北京以外城市的学生占 30％,北京以外小镇的学生占 24％,农村的学生占 18％。这些数字说明,城乡人口实际上享受高等教育的机会比尚不到 8∶2。在分析现象成因的时候,作者提出了以下几点:(1) 高考录取分数线的划线不一,譬如北京地区分数线比湖北等地少 100 余分;(2) 中考机会不均,譬如 1998 年 7 月,山西省太原市公布该年度的中专分数线为城镇考生 376 分,农村考生 532 分;湖北"嘉鱼一中"设定的录取分数线农村学生比城镇学生高 50—80 分。作者总结说,由此可以看到,国家的教育资源(假设为"10"个"果子")是这样分配的:仅占人口 2 成的城市人口分得了"8"个"果子",每个分配单位平均得到了"4"个;而 4 倍于城市人口的农村人口仅分得了"2"个"果子",每个单位得到了 0.25 个。最后,用 4 除以 0.25,说明城市人口接受大学教育的机会是农村人口的 16 倍!

在这里作者把中国高等教育机会的不平等归结为城乡制度安排。情况果真如此吗?

我们已经知道,在高等教育甚至高中教育以及"好学校"仍然是稀缺资源的环境下,考试是解决资源分配问题相对公平的手段。既然在城市和乡村实施的都是考试制度,那么在农村人口仍然占社会总人口 80％的前提下,在高等学校中,城市生源多于农村生源的现象又是怎样出现的呢? 是城乡制度安排的结果,还是由于中考机会不均、高考机会不均造成的?

如果从严肃的学术态度出发,我们至少需要知道这样一些基本数据:历年分城乡的小学入学人数(入学率)、毕业人数、升学人数,初中入学人数、毕业人数、升学人数,高中入学人数、毕业人数、升学人数。然后用两组数据进行比较,说明城乡适龄人口接受教育的差异,通过比较差异来检验全国高等学校学生的实际户籍构成,并对所观察到的现象进行解释。

让我们用2000年的数据进行平滑推算。2000年参加高考的学生于1997年进入高中,1997年初中毕业的学生于1994年小学毕业,1988年进入小学。根据可以得到的统计数据,1988年适龄儿童入学率为97.2%,暂以100%计算,也就是说,城乡适龄儿童入学的机会基本是均等的。从2001年的《中国统计年鉴》可知,2000年小学毕业生2419.2万人,其中农村小学毕业生1567.6万,城镇小学毕业生851.6万,城镇毕业生占总毕业生人数的35.2%。2000年初中毕业生1607.1万人,其中农村初中毕业生903.8万人,城镇初中毕业生703.3万人,城镇毕业生占毕业生总数的43.8%;2000年高中毕业生301.5万人,其中农村高中毕业生39.2万,城镇高中毕业生262.3万人,城镇毕业生占毕业生总数的87%。如果用这个比例来分析《中国青年报》提供的数据就会发现,13%的农村考生获得了18%(暂且不论这个比例是否有代表性)的高等教育机会。在这个意义上,一个直观的判断就是,农村与城镇考生接受高等教育的机会不均等这个结论是站不住脚的。那么,问题到底出在哪里呢?

数据表明,小学教育阶段城乡之间的受教育机会基本是均等的。待到初中,城乡之间教育的结果就已经开始失衡了。问题出在哪里呢? 为此,我们需要了解初中的入学状况。数据进一步表明,2000 年初中招生 2263.3 万人,其中农村初中招生 1265.9 万人,城镇初中招生 997.4 万人。城镇招生人数占招生总人数的 44.1%。从招生占比(44.1%)与毕业生占比(43.8%)的比较来看,在初中阶段,城镇学生在初中阶段流失的比例大于农村或相当(如果能找到历史数据)。问题出在初中入学环节上。城乡的初中入学率是差距的关键因素。至少有 10% 左右(44.1%—33.7%)的农村六年级学生在完成了小学学业之后离开学校,没有继续享受义务教育的权利。

让我们再看高中的情形。2000 年高中招生 472.7 万人,其中农村高中招生 64.4 万人,城镇高中招生 408.3 万人,城镇高中招生人数占招生总人数的 86.4%。从招生占比(86.4%)与毕业生占比(87%)的比较看,在高中阶段,城乡学生流失的比例也大致相当。同样,城乡之间的重大差异出现在高中入学上,与城镇学生作为总体比较,农村学生至少有 40%(86.4%—43.8%)左右在完成了初中学业后离开了学校或没有机会通过升学考试进入高中。

数据分析的结果让我们相信,中国教育机会不平等不是出现在高考阶段，而是出现在义务教育制度与升学制度的衔接处。在义务教育阶段，城乡适龄儿童的受教育机会有差异，可差异不大。进入升学教育以后，城乡之间重大的差异出现了。至于是什么导致了差异，正是社会学家感兴趣的问题。遗憾的是，直到如今我们也没有见到有说服力的研究。

失去接受更高教育的机会使农村人口失去了更多的竞争机会和获得更高经济收入的机会，进而导致了社会的不平等。既有的研究已经显示，个体在现代社会的竞争力与受教育程度有关，作为竞争力的一项指标，个体的收入也与受教育程度密切相关。根据《美国统计摘要》，20 世纪 90 年代中期，以会计学为例，有硕士学位的从业者比有学士学位的年收入要高出 15％左右；以计算机科学为例，两者之间，高出比例为 30％左右，有博士学位者则比有硕士学位者要高出 60％左右。

詹克斯的研究进一步指出，几乎所有类似的研究都表明，受教育程度越高，职业地位越高，收入也越多。即使是来自同一类家庭、原来考试成绩一样、最初职业也相似的人，大学毕业的人比高中毕业的人最终获得的职业地位要高。在同样环境下，念完高中的人比没有念完高中的人收入要高出约 51％；大学毕业的比大学没毕业的收入要高出 76％；"好"大学毕业的比一般大学毕业的收入要高出 28％。艾伦（Robert C. Allen）根据 1991 年加拿大人口普查数据的研究，也获得了类似的结论。

根据《中国青年报》的报道，湖北省统计局的一项调查表明，大学本科及以上学历者的年均收入比只有小学文化程度的人高出 7 倍；《生活时报》的报道则指出，大专以上与大专以下学历的收入差距是 2 倍；1994 年一个专家小组在沪宁线一带城市群的"学历与收入关系"调查被广泛引用，调查结果显示，小学、初中、高中、中专、大学不同学历的人，收入比为 1：1.17：1.26：1.28：1.80；广州现代教育科学研究中心在广州市所做的类似调查也获得了相似的结果，小学、初中、高中、大学不同学历的人，收入比为 1：1.21：1.28：1.73。

姑且不论这些数据的可靠性如何，至少我们已经看到，在中国社会，受教育程度已经与收入、社会地位和声望建立了关联。这就是说，受教育机会的平等性直接影响着社会不平等的扩大或缩小。

不上学，能行吗？

寻职觅业说工作

如果我们想在各种各样的经济职业中确立一种职业道德和法律准则来替代支离破碎的、混乱一团的法人团体的话，就得建立一种更加完善的组织群体。简言之，就是建立公共制度。

——涂尔干《社会分工论·第二版序言》

　　涂尔干（Émile Durkheim，1858—1917），法国社会学家，年鉴学派的创始人，古典社会学的代表人物之一。

　　在气功和特异功能盛行的年代,有一则流传很广的故事,说具有某种特异功能的人可以把你口袋里的钱挪到他自己口袋里,或不开瓶盖就能把瓶子里面的东西弄到瓶子外面来。媒体的渲染引起了很多人对特异功能的兴趣和向往,心想,如果自己有这本领,那岂不是爽呆了,想什么就有什么,哪里还用得着拼命学习,更用不着像农民那样脸朝黄土背朝天地劳作。另一些人更有美妙的想法,如果中国人都有这本领,那么,美国人的财富岂不都是中国的了?

　　可世上哪里有这么好的事情,天上真的会掉馅饼吗?有个故事说,父亲告诉孩子,天上根本不可能掉馅饼,可孩子却说,"那我就坐着大炮上天去,把馅饼打下来!"父亲又说:"打下来也白搭,地上这么多张口等着呢,哪能保证掉下来的馅饼就正好落到你口里。"事实上,天上不会掉馅饼。如果掉了,那也一定是圈套。

　　的确,在自然界和人类社会发展演化的历史中,早已形成了一些规律。我们知道,来到这个世界上的人需要衣食温饱,除此以外,还有其他一些需求,有些人需要生产工具,有些人需要生活工具,如何满足这些需要呢? 在满足人们不同需要的过程中,人类社会制定了一条法则,那就是,对需求的满足只能通过劳动和努力才能获得。天上不会掉馅饼,馅饼是人做的。想吃馅饼,要么自己做,要么拿自己做的东西和别人换。人们通过劳动生产物质的和精神的产品,寻求各种方法和手段来分配这些产品,以满足人们各种不同的需求。这就是人类的经济秩序。

人类的经济秩序维持了人类的生存。不过,一个社会并不是从来都采用相同的经济秩序,经济秩序是一个发展的过程。人类的经济秩序经历了不同的发展阶段,每一个阶段的生产和分配方式都受到社会的影响,也反过来影响社会,使之形成不同的文化和社会生活。经济生活嵌入在既有的社会生活中,也影响着社会生活的发展变化。在中国,问及不同年龄的人,一定会获得不同的社会生活故事;问及不同地区的人,也会获得不同的社会生活体验。一个重要的原因就是,在过去的一百多年里中国的经济秩序处在急剧的转变之中,在地区之间也极度不平衡,形成了多种经济秩序并存的格局。西藏牧区牧民的社会生活不同于湖南洞庭湖的农民,也不同于江苏无锡的工人。

人类的经济秩序也影响着个体的社会生活。在现代社会,人的一生大约有 20 年时间处在成长过程之中(长身体和学习)。

根据《中华人民共和国劳动法》，另有 40 年是工作时间。按照中国人的预期寿命（76 岁），还有近 20 年的退休岁月。也就是说，在我们醒着的时候，工作占去了我们的绝大部分时间，所从事工作的类型，又决定了我们的社会地位、交往圈子和社会关系类型，甚至精神生活的内容。

当走出学校的时候，我们相信天上不会掉馅饼，相信自己的工作将决定自己未来的生活。那么，到底应该找一份什么样的工作？为什么女生找工作难？为什么会失业？

一、找一份工作真难

如今，找工作已经成为很多高校毕业生的"滑铁卢"。对很多找工作的毕业生来说，他们从幼儿园开始就是"人尖儿"，小学、初中、高中、大学，一路过关斩将，不知道经历了多少考试、面临了多少次激烈的竞争，好不容易才熬到了大学毕业，却找不着工作，这不是滑铁卢是什么？

在五花八门的人才市场里，求职者中有相当一部分是大学毕业生，既有刚刚毕业的，也有毕业数年的；既有本地的，也有外地的。不少毕业生从上一年的暑假就开始实习，直到要毕业了，工作还是没有着落，不得不感叹："找工作真难！"

有一家媒体曾摘录了一位毕业生找工作的日记，记录了毕业生找工作常见的场景：

找工日记×月 14 日，晴。

接连几天，媒体记者一直陪我一起找工作，这让我很感动。上次在中原人才市场投出去的自荐材料至今没有回音，这两天趁机会厚着脸皮再去问问，兴许能感动他们呢！

当我们到达中国××银行××省分行时，已是上午 10 点多了。这是一幢很漂亮的办公楼，真希望能在这里工作。可门口保安警惕的眼光首先就让我底气不足。

走上三楼人力资源部时，里面的几名工作人员正忙着。我 3 次想凑过去套套近乎，都没能成功。

门口扔着一堆自荐书。好家伙，差不多有 1000 多份吧。

"这不是你们学校的？"记者眼尖，发现在这一堆中，我们学校的也不少，不知我上次交的自荐书是不是也在这一堆中。

"×大的，叫什么？啊，对不起，我们面试的名单中没你。"

趁那名男工作人员放下电话的一刹那，我急忙再次凑过去报上我的名字和学校，他用铅笔在两页都是名字的纸上查了个遍，很遗憾地摇了摇头。

我不甘心地再次掏出随身携带的自荐书，双手递过去，诚恳地说："您再看看我的条件，能不能给我一次面试的机会。"

"对不起，面试的名单是评委从 1000 多名报名者中筛选出的，我没这个权力。"说完就不再理我了。

出门的时候，我的大脑一片空白，下楼时差点儿栽了个跟头，我感觉自己成了个多余的人。

在这篇日记中，我们还能够看到昔日"天之骄子"的精神气质吗？这就是残酷的社会现实。也有不服气的，在互联网上贴出帖子说，"我算人才吗？"

××（名牌）大学计算机科学本科、管理学硕士毕业的我，应该算是个人才吧？窃以为，学历往桌上一摆，这一点应该不成问题。可近日到人才大市场找工作，不免让我对此产生了疑问。

其一，应届毕业生找工作难是不争的事实，恰好我是应届毕业生。让我想不通的是，应届和非应届之间在熟悉环境、适应工作、学习新事物等诸多方面到底存在怎样的本质差别呢？

其二，我"工作经验"还不够。一般用人单位总是要有多少年工作经验的。虽然我也曾工作过两年，但人家要求的是"相关工作经验"。要么曾在类似岗位工作过,或是有过啥成功的业绩,最让人惧怕的是有多少客户来源。看来,用人单位都恨不得从别的公司(最好是竞争对手)直接挖几个"相关"人才过来。

其三,我的学历过高。根据××人才大市场统计,××年7月29日至8月4日,各用人单位拟招聘8124人,其中要求硕士学位的只有16个岗位,只占0.2%。还好,我没拿博士学位,要不然,需求量是0。我不明白,人们常说"人才高消费",为什么××劳动力市场对高学历的需求这么少?

其四,我读本科和研究生阶段跨了专业。时下,常见专家指出,复合型人才将是最优秀的等等,但实际情况却未必如此。如今跨了专业,想干计算机专业,人家说你三年没干了;想干管理,人家说你没经验。

其五,我对自己最自信的是有学习新事物、适应新环境的能力,而这些又是看不见摸不着的东西,在简历上也反映不出来;即使写出来,人家也未必相信;要想在招聘中显示出来,委实不太容易,可劳动力市场上又没有伯乐。

有了以上这五条理由,我倒怀疑起来,我算人才吗?

这个社会,天上不掉馅饼,人又必须谋生,找一份工作又这么困难,怎么会这样呢?对这样的现象,人们可以抱怨,可以痛骂。对社会学家而言，还必须解释其中的道理。从这两位毕业生的感慨中，我们获得了两点观察。第一，他们并不是在找任意的工作，而是在找适合自己的工作，银行的、管理的；适合学士的、适合硕士的。也许有人会问，为什么不去找别的工作？譬如种地。第二，他们是近两年在找工作，如果他们的父母也是大学毕业，毕业的时候也这么找过工作吗？在下面的两节中，我们来试着探讨这两个问题。

二、劳 动 分 工

现代社会经济秩序的一个突出特征是高度的劳动分工，把工作划分为具体的、具有专门技能要求的职业岗位。

在狩猎和采集社会，如20世纪初期中国东北大兴安岭的鄂伦春地区，除了依据性别和年龄的劳动分工以外，几乎没有什么其他的具体分工。男人外出打猎，女人看守家园，年长和年幼者是照顾和养育的对象，让他们在自己能力范围之内做力所能及的工作。除此之外，再也没有进一步的分工了。男人干相似的活，女人亦如是。进入农业社会特别是生产出现剩余之后，劳动分工的格局开始改变了。依据性别分工虽然仍是劳动分工的主要方式，但在性别内部，人们不再完全从事相似的工作，有的人专门从事买卖，有的人专门制造工具，还有人专门加工某种农产品。换句话说，农业之外的劳动分工出现了，这就是手工业和商业。

在传统农业社会，手工业的种类非常有限。根据我在甘肃省金昌市的调查，20世纪初期，当地非农、非牧的工作只有打铁、做木工、制毡、制褐、烧陶瓷、刻字、木刻印刷、纺线、裁剪缝纫、裱糊、副食品加工等40余种。

和农业一样，从事传统手工业的每个匠人要掌握全套工序，完成一件成品。举一个例子，银匠。一个银匠不仅要用手工方式把原始银质材料加工成毛坯，还要在毛坯基础上进行精细加工，经过锻打、成型、打磨、抛光、试用、修改、定型，最后完成一件银质首饰或者器皿。一个人必须有能力完成所有工序才能称之为银匠。

在现代工业社会，职业的种类已经大大丰富和增加了。无论在生产和非生产领域，劳动的细密分工使得每个人的岗位工作对最终产品而言都只是极小的一部分。举一个简单的例子，一台计算机，无论是什么品牌和类型的，哪怕是标榜独家出品的苹果计算机，其中也没有一个部件完全是由一个厂商生产的。而且每个部件的生产都不是一次成型的，都要经过无数道工序，每个人的工作只是完成其中的一道工序而已。每一道工序上，又不只有一个工作人员。你能说是你生产了一台计算机吗？

在美国工业发展的早期，1850年的人口普查数据表明，当时只有 323 种职业。如今,发达国家已经列出的职业就有两万多种,还不包括一些非法职业,如老鸨、贩毒者、扒手、投机商、诈骗犯等。那么,如此专门化的职业又是怎样发展起来的呢?

还是让我们先温习斯密(Adam Smith)《国富论》中对劳动分工的论述吧。斯密举例说,一个劳动者如果对制针不熟悉,又不知道怎样使用制针机械,纵使竭尽全力一天也不能造出一枚扣针。如果把制针过程分解为抽线、拉直、切割、削尖、磨头、装头、涂色、包装等专门的工序,一个人只做其中的一道工序,那么,从工厂获得的数据是,一个人一天平均可以生产 4800 枚扣针。接着斯密说:"如果他们各自独立工作,不专习一种特殊业务,那么,他们不论是谁,绝对不能一日制造二十枚针,说不定一天连一枚针也制造不出来。"

对经济学家而言,劳动分工的直接影响是提高了生产效率,使一个人在单位时间的生产能力大为提高。工业生产对效率的追求构成了劳动分工细密化的根本动力。问题是,怎么分工呢?难道只要有分工就会有效率? 在人们认识到分工的影响以来,这是两个不断被探讨和实践的问题,对问题的不同回答也构成了不同的组织理念。

追随斯密的思路,泰勒(Frederick Winslow Taylor)提出,提高效率的关键是进行科学分工,即组织研究和管理研究的"科学管理"。泰勒终身致力于对工业过程的研究,试图把过程分解为便于计时和组织的简单操作。他的基本理念是，一个人从事的工作越简单、越便于考核，也就越便于监督、激励，工作效率也就越高。在他的理念背后有一个简单假设，每个组织都在追求利益最大化，每个人也都在追求利益最大化。如果能够精细地分工，每个人就能够追求自己利益的最大化；如果每个人能够追求自己利益的最大化，生产效率也就获得了最大化。

泰勒的科学管理理论对工业生产和社会组织产生了重大的影响。不过，问题是，第一，效率不简单地等于精细分工，如果不对分工进行有效组织，不会有预想的效率。第二，效率是否能实现与产品的销售密切相关，如果生产的产品堆在那里销售不出去，效率也不会实现。福特（Henry Ford）最先看到并解决了这些问题。福特最初的生产方式是各个车间分别制造，然后将部件运到总装厂进行组装。受到屠宰场流水线的启发，福特把分工与流水线作业联系起来，通过提高单位时间的生产量降低了劳动成本，使原本要卖到 850 美元的汽车只卖到 290 美元；而且使大规模生产成为可能。以 T 型车为例，按 1908 年的生产方式每年只能生产有限数量，但到 1929 年 T 型车停产时，已经生产了 1500 多万辆。

福特生产方式的特点是不仅让工人专注于自己的生产环节，而且考虑生产环节之间的衔接。而要做到这一点，标准化、精细分工、熟练操作、紧密协作成了生产活动的关键要素。这就是 20 世纪 70 年代前世界制造业追求的典范。

　　从泰勒的科学管理到福特生产模式，我们只看到了机器，没有看到人。在 20 世纪 30 年代的"霍桑实验"中，我们才看到了人的作用。在对科层制度的研究中，人们又看到了非正式群体的影响。20 世纪 70 年代以后，各大工业化国家开始在生产中强调重视人的作用，譬如群体生产制度、终生雇用制度等。以群体生产为例，分工依然存在，对分工的组织却有不同，不再让一个人整天只从事一个单调的动作，而是把一组相互关联的工作交给一个群体，让每个人可以从事不同的工作，让他们控制生产、解决生产中的问题。

　　20 世纪 80 年代以后的另一个重要变化是市场不再只对大批量的标准化产品感兴趣，也对个性化的非批量产品发生兴趣。尽管批量生产模式依然存在，人们对个性和特色的追求却使得小订单、多样化市场迅速崛起。这就是弹性生产的发展。与福特生产模式用批量来引导市场不同，弹性生产模式要求根据市场的变化来随时调整产品和生产。瑟罗（Lester Thurow）对日本企业的研究发现，日本企业对市场反应的敏感性和生产的弹性要远远高于欧美企业。以汽车为例，一个在欧美企业中需要 13—15 年周期的产品设计在日本企业只需要 7 年左右时间。相对于福特模式，弹性生产更倾向于专门化的小批量生产，包括密集的设计、精细的加工、工艺式的生产和更加人性化的市场策略。

使弹性生产能够实现的科技基础是计算机技术和网络技术的应用。早在18世纪就已经有了"自动化"概念,可把机器人用于工业生产却是20世纪中叶的事情。1974年第一台由微处理器控制的机器人(电脑机器人)被用于工业生产。以后,机器人不仅被大量运用于汽车工业,而且更多地向重体力、重复性、危险性工作领域扩展。如今,有了人工智能加盟,人们已经在试图用机器人替代更多的人类手工劳动,包括家务劳动。

生产组织方式的变化,对劳动者也提出了不同的要求。在早期,细密的劳动分工使得工人成为机器的一部分,人们只需要从事简单的劳动。在《国富论》中,斯密不仅看到了劳动分工带来的效率,而且也看到了分工对人的影响。一个人一辈子从事的只是几个简单的动作,没有机会接触其他的东西,也不能发展自己的理解力、实践自己的创造力,自然也就失去了进行创造的习惯,人也变得呆笨和愚昧。他的《道德情操论》正是对专业分工的反思。

群体生产和弹性生产的发展,尤其是数字技术对工作领域的渗透,已经改变了过去的分工模式,使得职业结构发生了重大的变化。譬如20世纪初年,中国劳动力95%以上都在从事农业和牧业生产;1980年,城镇就业人口约10525万,农村约31836万;2000年,城镇就业人口约23151万,农村约48934万;2018年,城镇就业人口约43419万,农村约34167万。40年间,我们看到了城乡就业人口数量之间的比例变化。

在老牌工业化国家,20世纪初年3/4以上人口从事手工劳动,其中只有不到30%为熟练工人。到20世纪中叶,手工劳动力比例下降到了2/3以下。到20世纪末年,欧美国家的手工劳动力已经不到总劳动力的40%;与此同时,自由职业者(在家里上班的非体力劳动者)已经上升到10%以上了。到21世纪的前20年,自由职业者的比例在一些国家(如英美)已经超过了50%。

研究表明,生产效率的提高更多地依靠技术创新和劳动者的职业能力、思维能力和创造能力的提升。对市场的把握则更多地依靠信息、信任、合作和协商。在数字时代,每一个有工作能力并希望获得劳动机会的人,都必须掌握专门的劳动技能来适应专门化的职位。即使是种地,也要掌握专门的、从祖辈那里继承和习得的经验和技能,同时也需要有对市场的理解和把握,更需要对新技术的把握。这就是为什么劳动力市场需要"工作经验"。因为创造力、信任、合作甚至社会关系网络都是在经验中积累和呈现的。

职业的专门化和知识的专门化使获得了某种知识和技能的人很难从事多种专门化职业,只能从事相关领域的工作。今天的职业尽管不再把人当作机器的一部分,并不意味着排除了专门化,而是对专门化提出了更高的要求,要求劳动者既具备相应的技能,也具备相应的思维能力和创造能力,能够驾驭机器,运用机器进行创造。因此,学计算机的人种地的话,如果不懂得种地的规律,不能在种地中创新,照样有问题。更何况,在职业流动中,人们都希望向上流动,而不是相反。

从性别平等视角来看,专门化绝不是拒绝女性的理由。涂尔干否认社会分工只是为了创造更多财富。他认为,分工可以提高效率,增加财富,这是分工的结果,要在分工出现后与分工前的对比中才能显示出来。他认为造成分工的原因是人口密度过大。随着人口的增长,传统的生计空间无法提供足够的就业机会,人们被迫改换行业,分工制也就随之出现,但这并不意味着与之相应的社会维系体系应时出现。因此他强调:"如果我们想在各种各样的经济职业中确立一种职业道德和法律准则来替代支离破碎的、混乱一团的法人团体的话,就得建立一种更加完善的组织群体。简言之,就是建立公共制度。"

到这里为止,我们已经回答了第一节最后所提出的第一个问题,即毕业生应该找一份什么样的工作。现在让我们转向影响就业的另一个因素,也是社会经济秩序的决定性因素之一,经济制度。

三、经济制度:计划经济与市场经济

如果是在 40 多年前,中国的大学毕业生根本就不用找工作,更不用伤心感叹"自己成了个多余的人"。毕业典礼一结束,马上就可以带上行李去上班的地方(单位)报到、安顿,然后上班。为什么呢?因为40多年前中国实行的是计划经济制度。在计划经济制度下,人们用不着找工作,也根本不存在劳动力市场。如今,中国正在实行的是社会主义市场经济,劳动力市场也经历几十年的发育,趋于成熟。依据市场供需平衡原理,人们必须凭借自己的能力来获得工作机会。

计划经济和市场经济制度下的劳动制度,正是社会学的研究议题,也是劳动分工、职业等议题研究中必须考察的、重要的环境变量。

计划经济制度

1949年中华人民共和国成立的时候,中央政府分别通过不同的形式在农村和城市改变了旧有的经济制度,并在很短的时间内建立了计划经济制度。20世纪中叶,中国还是一个农业人口占据绝大多数、农业生产为主要生产领域的农业社会。农村和城市的分离是一个既存状态。

在农村,基础经济资源是土地。在土地改革之前,私有制和地主占有为土地资源分配的基本格局。根据可以获得的统计数据,中国大约10%的大土地所有者(地主和富农)占据了耕地的70%。到1952年底,除新疆、西藏、台湾和其他少数民族地区以外,土地改革让 2.6 亿农民无偿获得了 7 亿亩耕地和其他生产资料,从根本上改变了农村土地占有格局。广大农民不再需要租种地主和富农的土地,进而改变了自己的社会身份。

生产资料占有格局的改变也对农民的劳动技能提出要求,那就是,从土改中获得土地的农民要有能力安排农事活动。现实的难题是,农事安排技能不是一夜之间可以获得的。农业生产知识和技能在传统农业里仍然是经验积累。此外,除了土地以外,农业生产还需要其他生产资料如农具、牲畜等。这些生产资料也不是一夜之间就能够积累的。在农民租种他人土地尤其只贡献劳动力时,基本是由懂得农事的人安排农事,另一部分人根本不懂农事,大多数租种土地的人也没有其他生产资料。在这样的环境下,"土改"完成一段时间以后,一些人便因为不懂农事安排而不得不将土地重新转让,一些人因为缺乏其他生产资料而不得不让土地荒芜。

土地制度改革并没有达到预期的效果,农村经济制度不得不进一步变革生产组织形式,从互助组、合作社走向了人民公社制度。人民公社制度的特点是,生产资料归集体所有;在人民公社下建立大队和小队等生产组织。每个人的生产活动由生产小队安排,个体没有自行安排生产活动的权利;生产小队的劳动产品归集体所有,由集体处置。集体根据规则向每个劳动者分配劳动产品。劳动者的主要生活资源来自于集体的分配。如此,土改带来的生产资料与劳动力结合的局面又结束了,重新回到了二者分离的状态;但与以前的生产资料所有制本质的不同是,从前,生产资料由私人占有,新的制度安排是集体占有。

生产资料与劳动力在群体层次的结合让个体无法脱离群体而存在。在教育制度改革之前(1977),在城乡壁垒打破之前(1978),农村人口除了进城或通过高考离开土地之外,必定是集体的一员,不需要找工作,不需要操心生计,因为人们的生产劳动要贡献给集体,生活资源只能从集体获得。

在城市,中国已经有了一些工业基础,在进行工商业和手工业的社会主义改造之前,资源占有的主要方式也是私有制。与农业不同的是,工业是一个以技术为依托、以货币为媒介的资本、技术、劳动力相结合的市场体系。对待工业不可能采用土改的办法,不可能将资本、技术和劳动力分割开来。一个分工细密的组织体系不可能还原化约为小作坊。

对城市的经济体制改造采用了与农村完全不同的方式。中央政府把城市的资本主义划分为官僚资本(即大资本)和民族资本(即中小资本)两类,对前者采取无偿没收的政策,截至1949年底,一共没收了2858个企业,2400多家银行,10多个垄断性贸易公司以及交通运输企业;对后者采取利用、限制和改造的办法。

新生的中央政府希望通过国家资本主义的形式,逐步将私有制改变为社会主义的全民所有制。这个过程从加工订货到

"四马分肥",再到全行业公私合营,差不多进行了 4 年时间。其中,后三个阶段基本上完成于 1955—1956 年。1956 年底,私营工业人数的 99％和私营商业人数的 85％都参加了全行业公私合营。对私营工商业和手工业的社会主义改造也基本上在 1955—1956 年一年多的时间内完成。对资本主义工商业和手工业进行社会主义改造的结果是,国家完全掌握了工业、商业的生产资料和经营管理,资本家变成了工厂、商店的特殊雇员。

按照制度设计,每个城市人口成年以后可以通过计划分配的方式获得一份工作,个人不用找工作,也找不着工作。劳动力和工作机会之间的唯一桥梁是政府的计划。从 20 世纪 50 年代初期开始,高等院校的毕业生都被纳入国家劳动力分配体系,中央政府根据各机构上报的计划和申请,匹配各院校毕业生的专业和人数,统一调配。高等院校的毕业生正是被统一调配的劳动力资源之一。毕业生本人只需服从政府的分配,没有任何挑选工作地点、职位的权利。在参加工作之后,也没有自行调动工作的权利。任何调动都必须经过本人申请,由政府人事部门安排、协调。决定权在政府,而不是劳动者个人。

从劳动力资源视角看,计划经济的基本特征是,政府运用行政体系包揽了劳动力资源的配置。劳动者不需要找工作,因为没有劳动力市场。同时,劳动者失去了选择自己工作地区、场所、岗位的权利,也失去了为晋升、调整、变换工作而进行自我努力的机会。

市场经济制度

在实践了近 30 年的计划经济制度后，人们发现需要尝试另一种不同的经济制度。20 世纪 70 年代末期，中国又拉开了改革计划经济制度的序幕，努力向市场经济转变。

1979 年 9 月中国共产党十一届四中全会正式通过了《中共中央关于加快农业发展若干问题的决定》，从投资、税收、信贷和农副产品收购等方面调整了农业政策，适当放宽了对自留地、家庭副业和集市贸易的限制。《决定》指出"可以按定额记工分，可以按时记工分加评议，也可以在生产队统一核算和分配的前提下，包工到作业组，联系产量计算劳动报酬，实行超产奖励"。

在农村，探索了承包到组、继而承包到户的农村新体制。1980 年 9 月，中共中央召开各省、市、自治区党委第一书记座谈会，着重讨论了加强和完善农业生产责任制的问题，27 日，中共中央印发了座谈会纪要，指出，可以包产到户，也可以包干到户，并在一个较长的时间内保持稳定。此后，中共中央在 1981—1984 年又多次发文，逐步完善了家庭联产承包责任制。1984 年的中共中央一号文件还规定了农村土地承包期为 15 年以上。到 1983 年底，99.5％的生产队都已实行了联产承包责任制。

既有研究表明，土地承包责任制直接促进了人民公社体制的瓦解。人民公社制度是三级所有的集体所有制，其中个人为基本劳动单位,生产小队为基本核算单位。实行家庭联产承包责任制以后,基本劳动单位没有改变,基本核算单位变成了家庭,并把集体劳动制度改变为家庭劳动制度。没有了生产资料的集体所有制、没有了以生产小队为单位的集体劳动制度、没有了以生产小队为单位的集体核算制度,人民公社制度也就失去了存在的基础。顺应生产资料所有制和劳动组织的变革,1983—1984年间,人民公社体制被乡村体制取代,农村的行政体制又回到了传统框架之中。

与此同时,农民也从土地的束缚中被解脱出来,大量农村剩余劳动力开始脱离农业生产进入工业和服务业,从农业以外寻找劳动力出路。遗憾的是,这个进程并不顺利,甚至直到当下都未能完成。农民可以在城市找到工作,可户籍制度的限制使得农民没有办法在城市落地生根,而只能在农村住地和城镇工作地之间来回流动。这就是20世纪80年代中后期"农民工"一词的由来,也是市场经济制度与户籍管理制度之间的冲突所在。

由农民工自发形成的劳动力市场,影响了农村人口的就业方式,同时也对城镇劳动力资源配置方式形成了巨大的冲击。加上城镇三十年计划配置方式积累了大量无法配置的劳动人口,于是从1979年开始,劳动力的安置(计划经济术语)作为一个重要社会问题被推到了公共政策的前台,城镇也开始松动原有的劳动力资源配置方式,允许人们自谋职业。

　　全国劳动就业工作会议于 1980 年 8 月召开,会议提出要广开就业门路,打破劳动力全部由国家包下来的老框框,实行在政府统筹规划和指导下,劳动就业部门介绍就业、自愿组织起来就业和自谋职业相结合的方针。并提出解决今后劳动就业问题主要靠:大力兴办扶持各种类型的自筹资金、自负盈亏的合作社和合作小组,支持待业青年办独立核算的合作社;城镇郊区发展以知识青年为主的集体所有制场(厂)、队或农工商联合企业;鼓励和扶持个体经济适当发展;建立劳动服务公司承担介绍就业、输送临时工、组织生产服务、进行职业教育等任务。

　　1988 年 4 月 12 日,第七届全国人民代表大会第一次会议通过的《中华人民共和国宪法修正案》,在《宪法》的第十一条增加规定:"国家允许私营经济在法律允许的范围内存在和发展,私营经济是社会主义公有制经济的补充。国家保护私营经济的合法权利和利益,对私营经济实行引导、监督和管理。"同年 6 月 25 日,国务院发布第 4 号令,即《中华人民共和国私营企业暂行条例》。《条例》规定,私营企业指企业资产属于私人所有,雇工 8 人以上的营利性经济组织。

　　1992 年春天,邓小平在视察南方的过程中,明确地把计划经济与市场经济看做是"体制性"范畴的问题,而不是区别资本主义与社会主义的"制度性"标志。邓小平指出,计划经济不等于社会主义,资本主义也有计划;市场经济不等于资本主义,社会主义也有市场;计划和市场都只是经济手段;计划多一点还是市场多一点,不是社会主义与资本主义的本质区别。在艰难的探索中,市场经济与社会主义的兼容性问题明确了,市场经济制度在社会主义国家获得了合法地位。

此后,非国有生产组织获得了迅速发展。根据国家统计局的《中国统计年鉴》,1991 年城镇就业人口 14508 万人,其中国有单位就业人口 10664 万人,国有单位就有人口占城镇就业总人口的 74%。2000 年,城镇就业人口为 11612 万人,其中国有单位就业人口 8102 万,国有单位就业人口占城镇就业总人口的比重下降到 70%。2018 年城镇就业人口 17258 万人,其中国有单位就业人口 5740 万人,国有单位就业人口占城镇就业总人口的比重下降到了 33%。

即使在国有机构,从 20 世纪 90 年代初期开始,也开始采用市场机制。在保留原有劳动力资源配置方式的同时,扩大了直接从劳动力市场聘用劳动力的比例。到 2000 年,除了一些特殊机构和部门以外,绝大多数国有部门都进入了劳动力市场。曾经作为国家劳动力统配的高等院校毕业生,便不得不直接进入劳动力市场去参与激烈的竞争。

经济制度的变革直接影响了人们获得工作机会的方式。《中华人民共和国职业分类大典》1999 年版尚列出了 1838 个职业类别,2015 年的修订版则取消了话务员、制版工等 894 个职业,增加了快递员等 347 个职业,计划经济时期的粮油票证管理员、物质供应员等早已不见踪影。如今的高等院校毕业生再也不可能像 40 多年前那样依靠国家分配工作了。他们不得不面对活跃的劳动力市场的压力,由此才会发出"自己是否多余、是否是人才"的疑问。

四、女性、农民工与工作机会的不平等

除了关注劳动分工、经济制度与就业的关系,社会学对职业关注的另一个重要议题是工作机会不平等。

在某些"毕业生招聘会"上,有的企业在招聘广告上赫然标明"只招男生,女生免谈"。尽管法律有明文规定,"国家保障妇女享有与男子平等的劳动权利和社会保障权利",各单位在录用职工时,除不适合妇女的工种或者岗位外,不得以性别为由拒绝录用妇女或者提高对妇女的录用标准"。可在真正的劳动力市场上,女性就业难的问题已经存在了相当长时间,也比较普遍。举例来说,在山西××大学举办的校内招聘会上,女生发现,类似财会、秘书、文员等中性或更适合女性的岗位,招聘方也写着:"招收财会人员×名、行政秘书×名(仅限男性)"。浏览大大小小的招聘会告示,"只限男性"或"男生优先"的字样就更平常了。

一位找工作的女性高校毕业生曾这样说:过去听到师姐们

抱怨女生找工作难时,我还不以为然,认为可以凭自己的实力消除用人单位的偏见。现在,经过半年求职我才知道,作为女生,找份工作有多难。有媒体报道,北京××大学新闻出版专业的毕业生小徐,几次应聘都在最后关头落败,原因都一样,因为她是女生。每当她询问招聘结果时,用人单位人事机构的工作人员往往露出遗憾的表情说:"你要是个男孩子就好了"。

小徐感到很郁闷:"很多时候,我们连展示一下自己的机会都没有。"许多女同学们都感到,现在的招聘会主要是男生的舞台。中国××大学的一位老师称,自己都不想招女研究生了,毕业时太操心。他的一位女弟子在一连串的求职失败后向他抱怨说:"老师,我都想做变性手术了。"我们没有准确的统计数据说明男女在求职中难度差别到底有多大,但女性求职更难是不争的事实。

为什么女性求职会比男性更难呢?这是中国的特殊现象还是各国劳动力市场的普遍现象?让我们把这两个问题放置于不同的经济制度环境中予以讨论。在计划经济制度中,劳动力资源是由政府配置的,是否录用女性不是市场选择问题,而是政府决策问题。计划经济所赖以支撑的理念是"按劳分配",要求每一位有劳动能力的人都必须参与劳动,政府有责任为每个劳动力安排工作。自然,性别不成其为问题。

市场经济制度的劳动力资源配置依靠的是市场。对每一个处于市场中的经济组织而言,效率是组织的优先考量。如何提高劳动效率进而提高组织效率是组织管理的基本策略,尤其是对对专业性要求较高,对独立思考能力和工作能力要求较高的组织而言。人们没有确凿的证据证明女性的劳动效率低于男性,可性别是影响劳动效率的直观因素似乎已成为社会的共识。对于某单位"只限男性"的招聘告示,人力资源部的经理有这样的解释,"我们并不歧视女性,只是结合本单位实际情况才做这样的限制。我们单位的员工要经常出差,派个女孩子单独出去不合适,让人不放心"。言下之意是,女性的劳动效率也许不低,可社会成本更高,综合起来,还是不如男性的劳动效率高。

另一个社会事实是女性的社会负担会影响她们的劳动效率。如今,女性在家庭中依然还承担着主要的甚至是绝大部分的工作,家务劳动、养育子女、服侍老人,所有这些都会直接影响女性的工作效率。尤其是还未生育的女性,未来可预期的产假和哺乳期对于大多数人力资源约束型组织而言,更是不好处理的难题。

根据《中华人民共和国宪法》《中华人民共和国劳动法》《中华人民共和国妇女权益保障法》,无论是工作机会给予方面还是工作中的性别歧视都是违法的,但却不是依据法律能够马上解决的。增进性别平等还需要整个社会成员素质的提高和劳动分工的进一步发展。在成熟的市场经济制度中,尽管平等就业法案已实施了相当长时间,可我们依然可以看到,无论是工作机会给予方面还是工作中,性别不平等仍然是难以解决的社会问题。

在 20 世纪早期的西方国家,工作的女性主要是单身女性。那时候,女性在家庭以外的工作机会非常有限,工作类型限于女仆、佣人之类。工作收入不是直接交给本人,而是由雇主直接交给她们的父母。当她们结婚后,工作机会也告终止。

第二次世界大战期间,由于劳动力短缺,女性开始承担许多过去只能由男性承担的工作。战争结束以后尽管男人返回了家园,女性尤其是已婚女性的工作机会却得到了保留。如今,处于工作年龄的女性,至少一半人以上有正式的全职或兼职工作。不过,这并不意味着女性获得了与男性平等的工作机会和工作报酬。与男性比较,男性的工作机会依然保持在 80% 左右,远远高于女性;工作报酬也远远高于女性。

来自英国的数据表明,1850 年时 99% 的办事员都是男性。那个年代,办事员要有办事的能力,还要有会计能力和处理冲突的能力,是有一定社会地位的职业。如今的办事员,由于数字技术的引入和工作环境的变化,已经变成了一个地位不高、报酬也不高的职位,成为主要为女性所从事的职业。在英国,90% 的办事员和 98% 的秘书都是女性。

另一个方面,从工作时间、职位、报酬来看,女性也远远排在男性的后面。在几乎所有发达国家,女性大多从事兼职工作;即使是全职且处在相同的岗位,女性的报酬也低于男性,一般而言,女性的工作报酬大约只有男性的 2/3;在职位上,高级职位女性(如企业高级主管、高级政府官员、大学教授)的占比仍然相当低,总比例大约在 5% 以下。

根据霍曼斯(Hilary Homans)的研究,在影响女性与男性竞争的因素中,"生孩子"的影响非常突出。男性从来没有把生孩子考虑在自己的工作计划内,而女性无论有多么高的职位,也可能突然中断自己的职业生涯去生孩子或照顾孩子。弗恩尼(Tim Verney)1992 年对 200 名女性管理者的一项调查也显示,大多数女性认为,生孩子是自己职业生涯的最大难题。

在中国,除了性别所致的工作机会的不平等以外,还有另一种类型的不平等,即户籍因素导致的不平等。"大跃进"失败之后,中央政府为了缓解城市物质供应和人口之间的紧张矛盾,于 20 世纪 50 年代末期一方面将在"大跃进"期间从农村迁移到城市的人口迁回农村,另一方面又动员原本住在城市的人口迁到农村去。根据研究,到 1963 年这项工作完成的时候,大约有 6500 万劳动力(加上家庭人口大约 1 亿左右)从城镇迁到了农村。1962 年 5 月 21 日中共中央发出《中共中央关于减少职工和城镇人口的宣传要点的通知》,开始限制人口由乡到城的自由居住和迁徙,要求:"从现在起,凡是城市职工、干部和军人的直系家属,在农村的不要再迁入城市。"到 1963 年,从农村自由迁徙到城市的人口干脆被称为"黑人黑户"。由此,以户籍制度为支撑的城乡壁垒正式建立。直到如今,中央政府虽然多次要求三四线城市放开户籍管制,可户籍依然是城乡户籍人口工作机会不平等的支持因素。

市场经济制度在农村的发育很快把劳动力与土地资源之间的矛盾推到了社会问题的前台。从20世纪80年代后期开始,从土地中剩余出来的劳动力为了生计不得不在土地以外寻找工作,他们进入了城镇,并被称为"农民工"。根据一项对24个城市3563家企业的调查,从用工需求中我们得知,农民工的工作领域集中在劳动密集型行业,如建筑家装(48%)、纺织服装(20%)、机械电子(11%)、饮食服务(8%)等,而且90%以上的岗位要求具有初中以上文化程度,其中20%以上的岗位需要高中以上文化程度;还有80%的岗位需要达到初级工以上的水平,其中13%的岗位需要具备中级工的职业资格;此外,81%的岗位需要熟练工人。

与城市人口相比,农村人口不仅遭遇这样那样的就业机会的不平等,更有甚者,农民工在城市往往会遭受更多的盘剥、更粗暴的对待,不仅有来自雇主、工头的,也有来自一般城市居民的。有些城市居民甚至认为,城市是城里人的城市,农民工应该回到土地上去。也就是说,对农民工而言,在制度安排外,他们与女性一样,也面临着严重的社会歧视。而且他们还面临着住房,子女入学、升学等影响下一代的不平等问题。遗憾的是,对于这些尖锐的社会议题,社会学家很少有深入研究并提出可行性的对策。

五、失　业

在计划经济制度中,没有人担心就业。制度设计保证了每个劳动人口能有一份工作,无论是什么样的工作。在市场经济制度中,没有人不需要担心失业,就像没有人能够预测市场变化,没有人能保证自己的工作不被他人替代一样。失业是市场经济制度的重要特征之一。

在工业化国家,失业率始终是经济学家和社会学家共同关注的问题。20世纪30年代,英国的失业率曾经高达20%;此前不久,美国也经历了工业化以来最严重的经济萧条,30%左右的劳动人口失去了工作。面对经济危机,经济学家凯恩斯(John M. Keynes)提出通过国家干预方式来刺激消费需求、增加生产、提高劳动力市场的需求,以达到增加就业的目的。第二次世界大战以后,凯恩斯主义帮助工业化国家成功地保持了经济增长,降低了失业率。进入20世纪70年代以后,失业率又重新攀升,使得失业问题重新成为发达国家不得不面对的社会议题。

在持续的研究中,经济学家倾向于用产业结构变化来解释失业率上升。举例来说,一般认为,劳动密集型产业和重工业向中等发达甚至发展中国家的转移,让工业化国家产业结构中不再需要更多的劳动力,进而导致了"结构性失业"。还有一种解释是技术对劳动力的替代。随着自动化和数字技术的发展,工业生产不再需要简单劳动者;甚至在复杂生产中,对劳动力的需求也在减少。有人提出,发展非生产性产业是降低失业率的重要措施。譬如在美国,4/5的新就业机会是专业性管理和服务类的工作。近些年,人工智能的发展又催生了一波失业恐惧潮,有人甚至认为在不久的将来,当下职业类型的46%将为人工智能和机器人所取代。总之,技术与失业的关系始终是社会学家和经济学家关注的议题。

在中国的市场经济中,不仅有失业问题,还有其他更加严峻的难题。在计划经济时期,理论上国家要为每个劳动者安排工作,在实践中,却不总是能做到这一点。20世纪60年代早期向农村的劳动力大迁移和60年代中期开始的"上山下乡"运动,就是为了缓解城市劳动人口的就业压力。在对计划经济进行改革伊始,就业问题便凸显出来。甚至可以认为,城市劳动力市场的发育是在城镇剩余劳动力和农民工的共同促进下开始的。到了20世纪90年代,随着国有企业劳动力资源配置方式的改革,下岗又为失业问题增加了新的难题。现如今,高等学校毕业生的就业难题为失业问题的解决增加了新的变数。

　　简而言之,在中国,劳动力就业受多重因素的影响。除了劳动力市场因素以外,还有人口数量和结构变化、数字技术渗透、产业升级换代、城市化、全球化等诸多因素的影响。这些因素都需要社会学家更多地关注。除此以外,与职业相关的工会、罢工、工作满意状况、劳动异化、生产性工作对社会生活的重要性等也是社会学关注的重要议题。

谈婚论嫁话家庭

社会中的家庭，可以说像旅行中的歇脚站，既是社会存在的条件，也是对社会的否定。

——列维—斯特劳斯《家庭》

列维-斯特劳斯（Claude Lévi-strauss，1908—2009），法国社会学家、人类学家，结构主义的代表人物之一。

　　"男大当婚，女大当嫁"，这是中国人的一句老话。在山西平遥古城，一位拉黄包车的汉子对我说："我都三四十岁的人了，没钱时不找对象，人家最多说你没有本事，穷！可你有钱还不结婚，那不是让人家说你有病吗？"如果把这话说给北京城里的小年轻们听，他们或许会不屑地回应说，"切！都什么时代了，还结婚不结婚的。找对象就找对象呗，关结婚什么事，找对象就为了结婚？太土了！"

　　如今这社会，许多在老一代人看来天经地义的逻辑和道理，譬如男人要讨媳妇、女人要嫁人，在年轻人看来似乎都过时了。年轻人憧憬罗曼蒂克式的爱情，自由轻松的二人世界。这也难怪，一部简单得不能再简单的网络爱情故事《第一次的亲密接触》能让无数年轻人为之着迷。过去几十年里，网络爱情也让不少人为之疯狂。可年长的人也说，谁都是从年轻过来的，谁都向往过甜蜜的爱情，要不，一部内容同样很简单的电影《甜蜜的事业》在当年怎么会风行大江南北呢？但在绝大多数的人看来，爱情归爱情,婚总是要结的,如果都不结婚,那人类会成什么样子,还怎么传宗接代?

尽管人们都喜欢浪漫的爱情,但大多数人最终却也不得不堕入爱情的"坟墓"——婚姻。在历史长河中,绝大多数人都会通过婚姻形式建立自己的家庭,生儿育女。然后,帮助自己的子女结婚成家,养育下一代,让生命不断延续。

不同社会群体、不同时代的社会虽然对婚嫁的观点和实践并不相同,可有一点在任何时候、任何社会都是相同的,那就是,谈婚论嫁绝不仅是两个人的事情。每个社会对婚嫁都有自己的制约机制,不同的社会群体还有各不相同的制约机制。举例来说,在印度,宪法规定婚姻自由,可社会却践行着不同种姓之间不能通婚的社会规则。在美国,跨种族的婚姻虽然也被认为是正常的事情,可在实践中,跨种族婚姻还是少数。在英国,王子与谁结婚要受到皇室规则的约束,威廉王子(William Arthur Philip Louis)的婚姻就是例子。

不同社会也有着不同的家庭实践。有的社会可以祖孙几代人同在一个屋檐下,有的社会却以核心家庭为主。有的社会对单亲家庭非常宽容,有的社会仍然坚持"寡妇门前是非多"的准则。有的社会认为同性恋家庭是合法的,甚至立法承认其合法性,有的社会却根本不能容忍同性恋的存在,更不用说同性恋者公开建立自己的家庭。

社会学认为，无论是婚姻还是家庭，都是社会现象。人们到底是怎样寻找自己的伴侣的？一个社会对人们的婚姻和家庭又有怎样的约束？这样的约束又是怎样发展变化的呢？这正是本讲将要讨论的议题。

一、找一个什么样的伴侣

司汤达（Stendhal，原名 Marie-Henri Beyle）说，爱情是生长在悬崖边的美丽花朵。千百年来，爱情始终是故事、小说、戏剧等文艺作品的不朽主题。人们追求两情相悦的两性关系，甚至在爱情与婚姻之间画上等号。在很多人的心目中，爱情是婚姻的先决条件，或是必要属性，甚至是唯一属性，没有爱情的婚姻让人不能接受。人们离婚是因为婚姻中已经没有了爱情。

不过，这些观念似乎都经不起推敲。一个简单的例子是，现在年龄在 70 岁以上的人，无论在农村还是城市，并没有多少人是先有甜蜜的爱情，然后因爱之至深而建立婚姻关系的。几十年前，"父母之命，媒妁之言"还是建立婚姻的社会准则，婚姻不是个人的事情，要由父母做主。尽管 1930 年中国颁布的《民法·亲属编》规定了婚姻自由，可买卖婚姻、包办婚姻仍然是那时中国人婚姻的基本形式。直到 1950 年代初期，童养媳现象还存在。民间有"养媳妇，实在苦，淘米拎水爬滩坨，冷粥冷饭吃一肚，挨打挨骂真正苦"的民谣,描述的就是童养媳的凄惨处境。"五四"运动以来,自由婚姻倡导了半个世纪,却并没有在人们的社会实践中马上生效。

1950年4月13日,中央人民政府委员会第七次会议通过了《中华人民共和国婚姻法》,再次规定了婚姻自由,反对童养媳、买卖婚姻、包办婚姻。但法律规定的存在并不意味着自由恋爱成为建立婚姻的普遍基础。直到20世纪80年代后期,在农村许多地区,农村青年建立婚姻形式上虽不再是过去的包办,可"经人介绍"和"父母同意"仍然是婚姻必需的程序。哪怕是自己认识的、相中的,也要有形式上的"媒人",否则婚姻关系就不那么名正言顺。同一时期,对北京、成都、广州等城市的调查显示,"自己做主"的婚姻只占43.51%,"自己做主,父母同意"的婚姻占28.68%。一直到现在,在偏远的农村,"媒人"仍然是婚姻关系建立中不可缺少的成分。

此外,即使我们承认在不少地方先谈恋爱后结婚已经成为建立婚姻关系的一般模式,也不能证明爱情就是婚姻的唯一基础。处在恋爱阶段的读者或已经结婚的读者,尤其是在恋爱中遇到家庭障碍的读者一定有这样的体验,自己与恋爱对象之间爱得疯狂,家长或亲友却劝告说,"爱情又不能当饭吃,总不能饿着肚子谈爱情吧"。

的确,人的基本生计是依靠个人的劳动来建立、维持和发展的。如果没有基本生计，爱情就是建立在空中楼阁之上的故事。这是爱情不能作为婚姻唯一基础的根本理由。此外，即使有基本生计，人们相识、相爱，在爱情的潮涌中建立婚姻；可家庭生活的琐碎有可能消耗掉浪漫的激情，双方可能再也感受不到曾经拥有过的激动与浪漫，爱情消失了，甚至出现背叛、离婚的现象。社会学家于 20 世纪 90 年代中期对中国 7 个城市婚姻状况的调查显示，夫妻感情很深的占 36％，较深的 38％，一般的 25％，破裂的占 0.9％。对不同年代离婚风险的队列比较研究显示，越是年轻的夫妻，"七年之痒"的时间越来越提前，结婚与离婚之间的时间间隔也越来越短。

其实，在大多数社会，绝大多数人在考虑婚姻时，爱情往往只是其中的一个因素，考虑更多的是两个人是否"相配"。在这里，我们用了一个定义不清的术语（不是概念）来解释婚姻的基础，在不同时期和不同社会，甚至不同社区，人们对"相配"有不同的定义。举例来说，"门当户对"是对"相配"的进一步界定，是说男女双方家庭的社会地位基本对等，处于相同或相似的社会阶层。可这绝不意味着同一个社会阶层里的什么人之间都可以建立婚姻关系。

人类社会对建立婚姻关系设置了一些基本禁忌。第一个禁忌是兄妹姐弟婚姻。根据已有数据，除了两个例外，在已知的人类社会中，几乎没有哪个社会允许兄妹姐弟之间发生性关系和建立婚姻关系。第一个例外是古埃及十八王朝初实施的兄妹婚，另一个例外是摩尔根（Lewis Henry Morgan）在《古代社会》中叙述的古夏威夷皇室的兄妹婚。

第二个禁忌是父母子女婚姻。在历史上曾经有过儿子继承父亲妻室（不是自己亲生母亲）的例子，但在现代社会，即使不是自己的亲生母亲，这样的婚姻关系也是被严格禁止的。由此推展开来，长辈与晚辈之间的婚姻也受到严格约束。在一些仍然遵从辈分关系的社会，即使年龄相若，不同辈分者之间的婚姻也受到严格限制，师生之间的婚姻常常也被认为是乱伦。

第三个禁忌是表亲婚姻。表亲婚姻曾被认为是维持亲属关系的重要方式，可在现代社会，人们已经认识到这样的婚姻会导致后代罹患严重的遗传疾病。在很多社会，甚至以法律形式禁止表亲婚。

除了这三个在很多社会普遍存在的禁忌以外，在一些特殊群体还有更多的复杂禁忌。譬如一些少数民族虽不禁止族（族群，非家族）外婚，但绝大多数人实践的却是族内婚，即内婚制。还有一些不同宗教信仰人群之间的婚姻也受宗教信仰的约束，尤其是在具有宗教冲突的社会和地区。

在这些禁忌之外，逻辑上，人们可以任意选择自己的伴侣。年长的与年轻的、黄皮肤的与白皮肤的、种地的与经商的……不同种群、不同年龄、不同身份的人之间建立婚姻关系都应该没有问题,但事实上,对伴侣的选择并不只是个人的事情。每个时期、每个社会都有约定俗成的对"相配"的界定。大多数人都会选择与自己的社会经济地位、年龄、文化、职业、民族、宗教等基本一致的人建立婚姻关系。这就是同类婚,即具有共同社会特征的人之间建立的婚姻。

除了个人身份的"相配"外,不同的时代,人们的择偶也有不同的社会取向和标准。先让我们看看流行的、形象的说法(并不是科学研究结论)。有人说,中国20世纪50年代的择偶标准是:一颗红心两种准备,每月三十元生活费。政治可靠,出身贫农,丈母娘在居委会。60年代的择偶标准变成:成分是工人,收入支出能平衡,房子两大间,粮票二十九斤半。70年代的择偶标准为:一表人才,二老双亡;三转一响,四季衣裳;五官周正,六亲不认;七十块以上,八面玲珑;烟酒不沾,十分听话。80年代的标准是:八大件,三套间,存款不少于一万元;有文凭,坐机关,父母最好是大官;经常出差四处转,外贸部门有内线,看报可以看"内参",看病都进军医院;坐小车,玩电话,屋里还有大彩电。90年代的标准是:电脑要上网,要有别墅要有厂;汽车最孬是桑塔纳,出门不带钱只带卡;出国出到加拿大,最孬也是澳大利亚。如今的择偶标准是:身高至少一米七,还得要有高学历;收入不能少,约束却要少;调门不能高,风险不能高。

为什么会这样呢? 在这些流行的"段子"里,除了带有价值偏向的调侃以外，我们依然可以从中看出，不同的时期确有不同的取向和标准。在这些不同之中，仍然包含着相同的原则，即同类婚原则，从 20 世纪 50 年代的家庭政治同类、60 年代的家庭政治经济同类、70 年代的家庭经济同类，到八九十年代的家庭地位同类，再到如今的双方社会经济地位同类。其中，一个重要的变化是从家庭同类发展到了个体同类。问题是，为什么婚姻这种看似非常个人化的问题会受到如此多的社会约束？

对婚姻传统禁忌的解释主要来自生物学。一般认为，近亲繁殖会导致隐性不良性状的显性化，譬如疾病、发育障碍、智力障碍，进而导致人类大脑和身体的退化，直接威胁人类的繁衍和生存。也有人认为，生物学因素并不能解释譬如乱伦禁忌。人类的乱伦禁忌在先，生物学对近亲繁殖后果的理解在后，而且近亲繁殖导致的退化现象只是统计学的小概率事件，并不发生在所有近亲婚姻中。此外，即使有退化问题，退化进程也表现得非常缓慢，并不必然导致人种的真正退化。因此，人类乱伦禁忌的形成，不是因为人类看到了近亲繁殖的后果，而是因为其他原因。如乱伦禁忌有助于防止近亲之间因为争夺配偶而导致冲突，进而有助于保持群体的繁衍。又如乱伦禁忌有助于防止家庭的角色混乱，如果父亲与女儿结婚并生子，那么家庭的角色关系就会变成一锅粥。再如乱伦禁忌可以保证一个群体与另外的群体通过婚姻来建立联合体（如昭君出塞），进而保证群体的生存，等等。

对于同类婚，社会学家更多地倾向于功能主义的解释。既有研究结果表明，夫妻双方不能相互理解和包容的婚姻是很难维持的。要想使婚姻长久，夫妻双方必须认识到对方的需求、尊重对方的人格和价值、理解和容忍对方的缺陷。因此，好的婚姻是两个人在个性、影响力、智力和财富等方面基本相似的婚姻。

让我们看一个实际的例子。媒体报道显示，南京部分资深婚礼主持人对包括新娘和准新娘在内的 300 名女性进行了一项择偶标准专项调查，结果是 65％的女性择偶首选"道德品质""人品素质"，20％看重"相貌""气质""身材"，而把"财富"和"年龄"放在第一位的分别仅占 10％和 5％。择偶条件的排序依次为品质、体貌、财富、年龄。

那么品质是什么？又从哪里来？一个人的品质是这个人的社会化程度，对社会的理解和对待社会的态度。而所有这些都与其所处的社会环境和地位有关。一个叫花子是不会顾及"不要随地吐痰"的社会规则的。一个在写字楼上班的人，哪怕是打扫厕所的，也会遵守这样的规则。因此，对品质的判断实质上是对两人之间所处的社会环境和地位的相似性的判断。

在上海和哈尔滨，一项对在不同年代恋爱、择偶的 3200 名已婚男女的调查也显示，不同时代，人们对双方相似性的认识存在较大差异。1948—1966 年，择偶最关注的 10 个方面按关注程度高低依次是：老实可靠、健康、性格脾气相投、温柔体贴、本人成分和政治面貌、家庭出身和社会关系、生活习惯、年龄、收入、聪明能干。1987 年以后,最关注的 10 个方面的顺序则是:健康、性格脾气相投、老实可靠、职业、温柔体贴、住房、收入、容貌、生活习惯、学历。尽管这其中有差异,但我们依然看到,"性格脾气相投"被放在非常重要的位置。前面引用的流行说法,也让我们看到了不同时代相似性的不同内涵。

人们之所以选择双方相似度高的婚姻,不仅是因为人们希望婚姻长久,而且还因为有助于对后代的养育。如果夫妻双方根本不能相互理解与包容,那么在后代养育上就会出现进一步的冲突。譬如在是否生育的问题上就可能引发各种冲突。如果有了下一代,冲突的婚姻会对下一代产生负面的影响,严重影响后代的成长。

20 世纪 60—70 年代国外对工人婚姻状况的调查表明,夫妻双方往往倾向于各过各的生活,他们并不认为亲密关系有那么重要。大多数人认为,婚姻是一种必需的、有用的关系,最重要的目标是能够过上舒适的日子,并且对孩子有利。20 世纪 90 年代中期对北京和西安等地的调查也显示,夫妻双方尽管都认为在影响家庭生活满意度的诸因素中,婚姻满意度最为重要;但在影响婚姻满意度的一系列因素中,最重要的不是爱情,而是家庭的经济支配权。

当然,在婚姻关系的建立中,"门当户对"背后还有一个重要的社会假设,那就是丙女可以嫁甲男,但男性的社会经济地位、受教育程度、职业声望却不能比女性的低。对这种现象可以用男女的社会地位结构加以粗糙的解释。尽管女性受教育机会和工作机会随着时间的推移已经有了很大改善,尤其是独生子女政策实施以来,女性的受教育机会获得了本质的改变,可男性仍然是社会的主导力量。男性始终占据着优势的和有利的地位,两性之间在许多方面尚不具备完全的相似性。作为性别不平等的映射,在选择伴侣时,男性与女性有着不同诉求。调查显示,男性更多以貌取人,注重女性的外形(容貌、身材、肤色)、素质(受教育程度、兴趣、修养)、品行(道德品质、为人处世)和性情(性格、脾气等)。

到这里,我们已经可以理解,为什么一个人找一个什么样的伴侣绝不只是个人的事情。

二、结婚、离婚和再婚

结婚也不只是两个人的事情。无论在农村还是城市,结婚往往会表现为家庭活动。在结婚时,男女双方的亲属、朋友都要卷入结婚活动之中。双方家庭都要用宴席招待亲朋好友;在城市,我们会看到游行的花车;在农村,我们会看到各地不同的迎亲活动。任何正式的结婚活动,都有非常严肃的结婚仪式。在这个仪式上，由合适的人物宣布婚姻成立。

在许多社会中，正式结婚之前的订婚仪式甚至比结婚仪式更加复杂。在汉族地区，传统的订婚仪式包括媒人将两个家庭的状况正式通报对方，将男女二人的生辰八字报告给专门权威进行认证。在获得双方家庭认可，并经权威认定两人八字相合的前提下，再由男方家庭将聘礼和相关文书送给女方家庭。经女方家庭认可，才可以正式确立两人的婚姻关系。

看起来是两个人之间的事情为什么会卷入如此复杂的社会事务中呢？一个简单的解释是，结婚作为婚姻关系的形式化程序，是为了说明和昭示即将完成的婚姻关系（在许多地区通常叫做完婚）符合社会的基本规范和准则，男女双方的两性结合具有社会合法性，两性关系将要产生的子女具有社会合法性，将来可能派生的新社会单元（新家庭）也具有社会合法性。

不过，我们不能说合法的两性关系和两性关系的后果一定是婚姻和家庭。云南地区的摩梭人，两性之间可以有合法的性关系，不过，仅限于性关系而已。即使因为交媾而怀孕生子，两性之间也不会建立正式的婚姻和家庭关系。当然，这样的两性关系在人类社会只是极端案例。在大多数情况下，婚姻和家庭是合法两性关系的基本形态。

大多数情况下我们讨论的婚姻形式是一夫一妻制。不过，一夫一妻制并非人类婚姻的唯一形式。默多克（George Murdock)1949 年对 238 个社会的研究显示,实行一夫一妻制的只有 43 个,实行一夫多妻制的有 193 个。《古兰经》说,在伊斯兰国家,一个男性可以娶 4 个妻子。1949 年以前,中国实践的也是不严格的一夫一妻制。一个男性可以娶多位妻子。藏学专家的研究也显示,民主改革时期西藏有些地区依然存在多种婚姻形态,一夫多妻制、多夫一妻制、一夫一妻制都有。严格地说,在那里,不存在对婚姻关系中夫妻数量的严格限制。

虽然大多数社会恪守一夫一妻制的婚姻制度,却并不意味着不存在婚姻以外的两性关系。婚姻以外的两性关系,包括婚前性关系和婚后与配偶以外的同性异性发生性关系,是许多社会普遍存在的事实。

就婚前性关系而言,20 世纪 90 年代北京大学医学部公共卫生学院对北京市在校大学生的调查结果显示:半数以上学生认为,在双方相爱、关系稳定、准备结婚的情况下,婚前性关系是可以接受的。对性行为的进一步调查显示:有过婚前性行为的男生占 15%,女生占 13%。首次发生性关系的平均年龄,男生 18.7 岁,女生 19 岁。江苏省社会学学会的调查结果也显示,70%左右的人认为婚前性行为可以理解,15%的未婚女性婚前怀孕。1998 年对中国初中以上文化人口的随机调查表明,60%左右的被访者认为男性和女性的婚前性行为是"可原谅"和"不算错"的。近期,南京医科大学对南京高校的调查显示,在接受调查的大学生中,发生过性行为的占 30.4%,初次性行为大多发生在高中时期。对东北地区大学生的调查显示,支持婚前性行为的比例达 57.7%。在美国,1988 年对 15—19 岁女性的调查表明,在 15—17 岁期间有过性经历的女性占 38.4%;在 18—19 岁期间有过性经历的女性高达 74.4%。另据 1990 年对美国中学生性经历的统计表明,到 12 年级(大约在 17—19 岁),有 60.8% 的男生和 48% 的女生已有过性交经历。

就婚外性关系而言,1998 年对中国初中以上文化程度人口的调查显示,接近 30% 的受访者认为,妻子有外遇是可以接受的,30% 以上的人认为丈夫有外遇是可以接受的。将近一半的人认为男人更喜欢有外遇。这个结果也可以从另一项调查中得到佐证。上海大学的调查表明,33% 的人认为,"只要有感情,就允许婚外性行为";12.4% 的人认为,"只要配偶不反对,就可以";只有 28.9% 的人认为,婚外性行为"不利于家庭的稳定,应反对"。总体而言,大约 60% 的受访者对婚外性行为是持肯定或有条件肯定或宽容态度的,其中大学生中持肯定或宽容态度的高达 55.5%。美国综合社会调查(GSS)的结果则非常不同,78.4% 的美国人认为,婚外性行为"总是错的"。

我们没有确切的数据说明有多少人有婚外性行为。不过,我们可以从婚外性行为与离婚的关系中窥见一斑。上海对 500 起离婚案例的抽样调查显示,有 40% 的离婚人士表明配偶有婚外性行为。该调查还显示，在发生婚外性行为的人士中，女性多于男性，且大多数是普通市民。对中国一些城市的离婚调查表明，女性因丈夫有第三者而要求离婚的占 64.8％，男性因妻子有外遇要求离婚的占 48.6％。对沈阳市 1000 对离婚夫妇的调查显示，羡慕他人家庭或注意他人配偶的男 53％，女 37％；与异性接触频繁的男 32％，女 41％；与他人有暧昧关系的男 11％，女29％。金赛研究所（The Kinsey Institute）的报告称，20 世纪 90年代，女性有婚外性行为的比例约 30％—36％，男性有婚外性行为的比例约 40％—50％。其中，英格兰、苏格兰、威尔士：男性45％，女性 42％；芬兰：男性 44％，女性 19％。

绝大多数人都希望自己的婚姻美满长久，可婚姻以外普遍存在的两性关系却告诉我们，结婚只是向社会公开了一桩婚姻，并没有承诺两人之间一定要长相厮守。对社会学家而言，就像结婚一样，离婚也是重要的社会事实。

中国法学会婚姻法学研究会举办的"婚姻法修改研讨会"的数据显示，20 世纪 80 年代以来，中国的离婚人数迅速增加，如果用结婚与离婚之比来表示，1980 年结婚的有 716.6 万对，离婚的有 34.1 万对，大约为 21∶1；1995 年，结婚 929.7 万对，离婚105.5 万对，大约为 8.8∶1；2019 年结婚 947.1 万对，离婚 415.4万对，2.3∶1。从人民法院受理的一审离婚案件数量来看，1990年是 81 万多件，1991 年 86 万多件，1994 年 103 万多件，1997 年达 124 万多件。2018 年山东省菏泽市人民法院受理的离婚案件数已高达 10247 件,浙江省人民法院审理离婚纠纷案件 49804 件,法院判决、调解离婚 64.9 万件。民政部的数据显示,20 世纪 90 年代以来,中国的粗离婚率始终呈上升趋势,2017 年已经达到了 3.15‰。

发达国家大都经历着同样的过程,且还在继续中。举例来说,1960—1970 年,英国的离婚率以每年 9% 的速度稳步增长,10 年中,离婚率几乎翻了一倍;在美国,1970 年的粗离婚率为 47‰,1980 年涨到了 100‰,1989 年涨到了 138‰。不过,进入新世纪以来,趋势在发生逆转,出现了结婚率和离婚率的双下降。美国疾病预防控制中心(CDC)的数据显示,2000 年美国的结婚率为 8.2‰,近 20 年逐步下降为 6.5‰;与此同时,离婚率则从 4.0‰ 下降到 2.9%。

社会学家的问题是,既然两情相悦地结婚,为什么又有那么多人离婚? 社会为何还允许离婚呢?

让我们先讨论第二个问题。对历史数据的发掘表明,在几乎所有传统社会,无论东方还是西方,离婚都曾受到极其严格的限制。在西方,只有在尚未完婚时,才允许解除婚约。在中国,甚至只允许男人休妻,不准许女人休夫。渐渐的,虽然允许离婚,条件却非常苛刻。如配偶一方必须有足够证据指控对方的极端过失行为才可以离婚。中国的婚姻法尽管在 20 世纪 50 年代就已经明确了结婚自愿、离婚自由的原则，但在实践中，提出对对方的指控几乎是获准离婚的必要条件。20世纪60年代以后，一些发达国家引入了"无过失"离婚原则，即只要配偶一方提出两人合不来，需要离婚，就可以准许离婚。20世纪80年代以后的中国，"感情破裂"也成为离婚的理由。2018年的数据则进一步显示，在人民法院受理的离婚纠纷中，生活琐事成为第一理由。社会之所以将离婚限制越放越松，一方面是因为人们对个人自由的认同；另一方面，即使社会不赞同正式离婚，人们也可以采用其他方式来宣告婚姻的失败，其效果也许比离婚更糟，譬如分居，给所有家人带来的影响不亚于离婚。

我们知道爱情不是构成婚姻的唯一条件，不少人对婚外性行为也持宽容态度，那么，人们到底为什么要离婚呢？对中国社会离婚现象的初步研究表明，离婚的原因多种多样，有种解释从女性角度出发，认为是因为女性不堪忍受丈夫的暴力、遗弃、虐待、不尽义务，酗酒、赌博、吸毒、犯罪、嫖娼等恶习或与丈夫性格不合而急于逃离不幸婚姻。不过，这并不是主流的意见。对上海的一项调查说明，"性生活不和谐"是导致离婚的主要因素。也有更加现实的解释认为，现代人对婚姻品质的期望值远远高于上一辈，一旦婚后的现实与婚前的期望产生矛盾且不可调和，离婚就是必然的选择。

当然，也有社会学家愿意从社会层面寻找解释变量，譬如社

会变迁。有人认为,社会财富分配的变迁一方面改变了婚姻与
财产获得之间的关联,另一方面也使女性有更多的机会获得经
济独立。婚姻不再承担曾经是必需的经济互助功能。还有人解
释说,女性的独立使她们更少把离婚与羞耻联系在一起,更多地
追求自己的满足,离婚成为一种正常的生活选择,就像买东西一
样。2018 年最高法院对离婚纠纷案件的梳理表明,在当年的离
婚案件中,73.4%的案件原告为女性。

我们相信,这些原因中的每一个都很难单独解释离婚率变
迁的社会事实。更有说服力的解释需要更加细致的研究。当
然,研究离婚的原因并不容易,尤其是在中国,协议离婚和诉讼
离婚都是合法的离婚手段。离婚的理由也多种多样,包括在测
量上有很大难度的"感情破裂",还有在测量上几乎不可能的家
庭琐事。

社会学家不仅关注离婚,也对离婚给子女和他人带来的社
会影响和离婚以后的婚姻选择予以关注。既有研究清楚地表
明,离婚对家庭成员尤其是未成年子女的负面影响非常严重。
美国 CDC 数据显示,在美国,离婚牵扯到越来越多的未成年子
女。1956 年时涉及 36 万,1988 年时涉及 109 万。从另一个方面
来看,大约 50%的美国孩子在 18 岁之前都经历了父母离婚,其
中又有一半经历了父母第二次婚姻的破裂,1/10 经历了父母第
三次、第四次婚姻的失败,40%的孩子在单亲家庭中成长。

　　沃勒斯坦和凯利（Judith Wallerstein and Joan Kelly）对美国西海岸 60 对离婚夫妇子女的跟踪研究表明，131 个孩子在父母离婚时都感受到了强烈的情绪困扰。年幼的孩子感到困惑和恐惧，并把父母的离异归咎于自己。大一些的孩子虽然能够理解离异的动机，却仍然感到忧虑，甚至表现出愤怒。5 年以后，尽管大部分孩子已经能够处理好自己与家庭之间的关系，仍然有 1/3 的孩子还处在困扰中，基本表现是抑郁和孤独。沃勒斯坦进一步的跟踪研究表明，在 10 年、15 年以后，这些孩子已经成年，可父母离异的阴影仍然存在，甚至被带到了自己的生活中。所有人都认为父母的离异对他们是一种伤害，而且不希望把这样的伤害带给自己的下一代；因此，希望自己的婚姻能够建立在爱与忠诚的基础上，也希望自己的婚姻是一桩负责任的婚姻。

　　里查兹（Martin Richards）的研究进一步表明，父母分居或离婚的孩子与正常家庭的孩子比较，前者有一些共同特点，如自尊心和学业成绩水平相对较低，成年后更换工作的频率更高，本人也有更大的离婚倾向。

　　国内的研究却有不同的结果。有人指出，大多数父母在离异后都能顾及子女利益，并想办法来愈合离婚给子女带来的创伤，加上相当一部分子女在父母离婚时尚且年幼，实际受到的消极影响不大。还有研究提供了对离异家庭子女的抽样调查结果，父母认为离婚对孩子有很大负面影响的只有 5％—10％，有积极影响的 10％—15％。研究者进一步提出，一些孩子由于家庭变故而更加成熟，自理能力更强，更富于同情心，更懂得尊重体贴长辈，更懂得节俭持家。

从不良婚姻与离婚对孩子的不同影响的比较出发，还有研究者提出，孩子心灵的创伤未必与双亲的离婚直接相关，很可能与父母经常在子女面前吵架斗殴有关。与其让子女在父母行为不良的完整家庭中艰难度日，不如让他们在宁静的单亲或再婚家庭中轻松、愉快地生活。

这些研究尽管存在某些方法上的缺陷，研究结果也有值得进一步讨论的地方，但人类对美好婚姻的向往不会因为离婚而改变，却是不争的事实。它帮助我们理解为什么离婚的人本可以选择离婚后单身、保持单亲家庭，却还是有不少人选择再婚。

德国官方的统计数据表明，在离婚者中，大约有 1/4 会复婚，1/2 再婚，另外 1/4 会选择从此单身。在英国，年轻人的婚姻中，至少有 28％系一方再婚；35 岁以后，绝大部分结婚的人都涉及再婚。在美国，大约有一半的婚姻涉及再婚。在中国，离婚 5 年内再婚的男性占 89％，女人占 79％；2007 年再婚登记 203.1 万对，2016 年增加至 372.4 万对。

离婚到底给社会带来了怎样的影响？到当下为止，还没有具广泛共识的结论，仍然是一个值得深入探讨的问题。此外，一个同样值得研究的新现象是，同性婚姻合法化带来的影响。

三、何 以 为 家

在人们的日常生活中,婚姻和家庭常常并提。不过,在学理上,有了婚姻,不一定有家庭。相信不少人都读过老舍先生的《四世同堂》。即使没有读过的人,也应该对祖孙三代同在一个屋檐下的事实并不陌生。不说四世同堂中包括了多少婚姻,就说三代同堂,至少包括了两桩婚姻,祖辈的、父辈的,如果父辈不止一个兄弟,那就多于两桩了。

在社会学中,婚姻被定义为社会认可的两性结合方式。在一夫一妻制社会,指的是一男一女之间的两性行为、经济合作、生活互助。换句话说,婚姻一定包括了两性关系或是模拟两性关系,异性之间的结合就是两性关系,同性之间的结合也仍然在模拟两性关系。

家庭则不只是或不一定有两性关系。家庭通常被理解为一种社会组织单元,成员主要来自血亲关系或/和由婚姻构成的姻亲关系或模拟血亲关系。传统的家庭通常包括夫妇、父母(或其他长辈)、已婚或未婚子女、已婚或者未婚的兄弟姊妹。现在的家庭主要还是血亲和姻亲关系,最新的也有非血亲关系的,譬如一对同性恋人领养一个孩子。在许多国家,这已不是个别案例了。在中国,直到当下,极少有这样的案例。不过,我们却看到了另外的案例,那就是,云南的摩梭人的主要家庭成员之间只有血亲关系,没有姻亲关系;根据通常的称谓习惯,从年幼者的角度来看,家庭主要成员包括外婆、舅舅、姨妈、母亲、年幼者自己及兄弟姊妹。

那么,世界上到底有多少不同的家庭模式呢?在讨论这个问题之前,我们首先要区分家庭、家族、亲属之间的区别。家庭与家族的区别主要是经济与生活的方式。在传统社会生活中,一个人可以有很多兄弟姊妹,即使兄弟姊妹都结婚生子,只要这些人还生活在一个屋檐下用同一口锅吃饭,经济没有分开核算,通常就会被认为是一家人。如果其中有人分灶吃饭,即使仍然住在一个屋檐下,分灶的人也是另一家人了。不过,兄弟之间(不包括姊妹及其配偶)仍然是一个家族,依此,家族关系可以延伸至多代。如果姊妹结婚另立家庭(这是通常情形),那么兄弟与姊妹之间以及姊妹相互之间,则变成了亲属关系。简而言之,家庭更多地表现为由血亲关系和姻亲关系组成的、紧密的、经济的联合体;家族是由男系血亲和姻亲组织构成的松散联合体;亲属关系则是由更加广泛的血亲和姻亲关系组成的联合体。

基于这样的共识,社会学家将人类传统的家庭模式分为三类:(1) 由夫妻及其未成年子女组成的"核心家庭"。(2) 由夫妻、夫妻的父母或者直系长辈以及未成年子女组成的"主干家庭"。(3) 由核心家庭或者主干家庭加上其他旁系亲属组成的

"扩大家庭"。也有人主张将后两者合并，简称为"扩大家庭"。

扩大家庭曾是中国人的梦想，人们常用"子孙满堂""子孙绕膝"来表述长辈的成功与幸福。不过，中国历史上是否真正存在过"大家庭"，学术界一直有争论。

有人指出，农业的特点是劳动复杂，且周期长。在农事活动中，一人之力无法完成季节性的农活，需要许多人甚至几代人的合作和努力。这就是为什么古代中国农民都聚族而居，形成一个个大家庭。有人认为，在中国历史上，五代、六代同居的是寻常事，七代、八代同居的也不稀罕，甚至还有九代、十代同居的。更有史书记载：宋朝学者陆九渊的家族曾在江西抚州金溪十代同居。由最长者担任家长，子弟们分别从事农田、租税、炊事、接待等项工作。每天早晨，家长率众子弟拜谒祖宗家庙，然后诵读用韵文写成的家训，百十年如一日，受到朝廷的表彰。

也有人认为，中国传统社会并非以大家庭为主。中国人的确是以大家庭为理想，却并未普遍存在过大家庭。纵观历史文献，大家庭主要存在于世族门阀之家，且是少数。绝大多数庶民生活在以核心家庭或主干家庭为主的小家庭，扩大家庭式的大家庭并不存在。

社会学家对欧洲家庭的研究也有类似的结论。有人曾经认为欧洲传统家庭是扩大家庭占支配地位。后来的研究表明，核心家庭始终居于显著地位。以英格兰为例，17—19 世纪，平均家庭人口规模为 4.75 人,其中包括了家中的仆人。如果除去仆人1 人,则平均家庭规模为 3.75 人,与现在英联邦国家的家庭规模3.04 人近似。

无论如何,人类的家庭规模在向核心家庭收敛是明显的事实。古德(William J. Goode)的研究指出,这种转变从英国开始,迅速向全球蔓延。对中国 5 城市调查的数据显示,20 世纪 50 年代初期,核心家庭的比例为 55%,60 年代后期为 63%,70 年代后期为 59%,80 年代为 68%,90 年代为 71%,2000 年为 68%,2010年为 61%。

对这样的变化,社会学家的解释是,在工业取代农业成为人类基本生计活动的进程中,年轻人从农村流动到城市,结婚生子,割断与乡村家人的联系。为了工作,搬迁成为城里人必须适应的生活方式,子女教育成为父母必须承担的责任,人们没有理由拖家带口地四处奔走。简单和便捷成为人们选择家庭规模的适用性原则。

这是对传统家庭的理解,没有包括摩梭人的家庭模式。如果考虑工业化进程给人类家庭带来的直接冲击,我们会发现,现有的家庭模式已经远远超出了简单的三分法,正在向更加多元的方向发展,出现了不同类型的非传统家庭。

第一类非传统家庭是单亲家庭。有不少离婚人士选择再婚,也有不少人选择独身,这就构成了由单身父亲或母亲养育未成年子女的家庭，即"单亲家庭"。与此相似的是，不少未婚生子的人士在后来也选择不结婚，愿意单独与自己的子女生活，由此构成了单亲家庭的另一个来源。在发达国家，不仅离婚率居高不下，非婚生子也成为重要的社会现象。1994年，英国有32%的新生婴儿属于非婚生育，意大利为7%，法国高达35%，丹麦47%，瑞典50%。1990年美国非婚生育的比例为28%，到2016年猛增到40%；2018年密西西比州的非婚生育比例更高达54%。原本中国社会对单亲家庭并不认可，离婚人士也往往会与长辈共同生活，且极少未婚生子的情形。不过，这种状况正在改变。人们不仅对离婚越来越持理解的态度，对未婚生子也越来越容忍，单亲家庭成为越来越普遍的社会现象。2002年吉林省通过立法正式承认非婚生育的合法性，不过非婚生育在中国的占比并不高，到2015年还不到10%。

第二类非传统家庭是单身家庭。如果人们到了结婚年龄却不结婚或离婚以后不再婚，选择一个人生活，就是"单身家庭"。出现单身家庭的一个原因是人们对婚姻的漠视或恐惧，不愿意结婚或者再婚；另一个原因是老年丧偶。到2018年底中国60岁以上的老龄人口已经达到了2.49亿人，占总人口的比重达到17.9%，且正处在快速增长之中。在这些老龄人口中，相当部分失去了老伴，如果他们不和子女生活，也不再婚，就变成了单身家庭。

第三类非传统的家庭是重组家庭，即夫妻一方或双方再婚组成的家庭,家庭成员也包括与以前配偶所生的子女。离婚率的居高和再婚率的不断攀升,使得重组家庭在发达国家的家庭类型中占据了重要位置,威默特(Peter Willmott)甚至认为,现代家庭正在重组之中。在中国,更多离婚或丧偶的人选择了再婚。根据抽样调查数据,农村地区的离婚再婚率甚至高达 90%。重组家庭正成为家庭研究的重要内容。

第四类非传统的家庭是丁克家庭。"丁克"是英文缩写"DINK"(Double Income No Kids)的音译,意为双倍收入、有生育能力但不要孩子、浪漫自由、享受人生。作为对传统家庭的反叛,"丁克家庭"于 20 世纪 60—70 年代开始在发达国家流行,追求丁克时尚的主要是年轻夫妻。20 世纪 80 年代以后,"丁克家庭"也开始在中国流行。调查数据显示,1994 年上海市丁克家庭占比约 4%,2002 年上升为 12.4%。作为一线城市的北上广深,表现出同样的趋势。与其他非传统家庭不同的是,实践"丁克家庭"的大都是受教育程度较高、社会地位较高的人口。以北京市为例,"丁克夫妇"中干部、知识分子占 73.1%,具有大专以上教育水平的男性占 65.8%,女性占 68.4%。

第五类非传统的家庭为空巢家庭。在中国社会的传统习俗中,子孙绕膝既是一种理想,也是一种典型的老年生活状态。遗憾的是,现在的子女都要为自己的生活努力,没有机会围在双亲的身边。这大概是《常回家看看》这首通俗歌曲能够迅速红遍大江南北的根本原因。社会学家把只有老两口生活的家庭称之为空巢家庭。经典的家庭生命周期理论认为,当最后一个孩子长大成人离开家庭的时候,这个家庭便进入空巢阶段。当配偶一方死亡,老人单独居住时,这个家庭就从空巢期进入了消亡期。据测算,1990 年 65 岁及以上老年人口占总人口的比例为 5.6%,2000 年上升到 6.7%,2018 年则上升到 10.9%,中国已经进入快速老龄化社会,空巢家庭在 60 岁及以上人口家庭的占比已经高达 51.3%。

除此以外,我们还可以从居住格局、继嗣方式、权威类型、婚姻方式等不同侧面来理解家庭。即使不做进一步了解,读到这里,不少读者也一定心存疑问,既然家庭没有共同的模式,为什么都叫家庭呢?家庭对社会到底意味着什么?对社会成员又意味着什么?

四、家庭的社会意义

对于社会学家而言,仅了解家庭的模式是远远不够的。对家庭模式的了解是为了进一步探讨家庭对个体、对社会的影响和意义。作为基本的社会单元,家庭在社会中到底扮演着什么角色?对这个问题,社会学的主流研究范式都有自己的解释。

功能主义的解释

社会学的功能主义学派认为,家庭对社会的贡献是显而易见的。在许多部落社会,家庭是基本的自给自足经济单位,家庭成员共同参加生产劳动,狩猎、采集、修造住所,为家庭成员提供生存所必需的物质——食物、衣物、住处等。家庭的长辈要生养子女,还要为子女的成长提供良好环境,教他们生存技能、培养他们基本的价值观念。因此,家庭还是一个全能的社会单元。

人类经济生活方式的改变,也改变了人类的家庭生活。家庭结构从传统的扩大家庭、主干家庭向越来越小型化、简单化、多样化的家庭模式转变,与之相伴随的还有家庭意义的改变。

在现代社会,家庭的首要社会意义是生养。孟子说,不孝有三,无后为大。尽管有多种类型的家庭与生养无关、甚至有的与生养对立(如丁克家庭),可那些形态并不是主流的家庭模式。主流家庭模式仍然是一夫一妻加子女的核心家庭。即使是非主流形态的家体(如同性恋家庭),也有不少人愿意用收养的方式养育后代。可以说,直到今天,人们仍然在遵循社会繁衍的基本法则:通过生养的方式保证后代的繁衍,进而保持社会的延续。

不过,现代社会的生养远不是增加几口人那么简单。在传统社会,人们对生养的理解是增加一口人、添一双筷子。只要能够养活,就能够保证社会的延续。传统的生计形式不需要人们花太多时间来传递人类的知识积累,强壮的身体是第一位的;可在现代社会,强壮的身体虽然仍然重要,但获取知识的重要性却在不断上升,现代社会职业对知识的要求不仅越来越专门化,也越来越个性化,要求就业者在既有知识积累的基础上具有更强的创造能力。而这种能力的培养正是从养育开始的。这是与生养紧密联系在一起的第二个重要意义,社会化。人的社会化始于家庭。从家里,人们学会了吃饭、穿衣、行走坐卧,学会了对冷暖的感知等基本生存技能,同时也具有了对自我的认知,对社会基本的了解,对人对事的态度。

家庭的另一个重要的社会意义是培养人类的情感。社会学和心理学研究都表明,对社会而言,个体的情商和智商一样重要。就像人类的基本能力不是人类的本能一样,人类的情感也不是人类的本能,而是个体与社会互动的产物。一个人情感的摇篮正是其最初所处的社会团体。对绝大多数人而言,这个最初的社会团体就是家庭。

人类曾经做过很多尝试,试图替代家庭在人早期社会化中的作用。举例来说,在以色列的"基布兹"(Kibbutz),人们将年龄相仿的孩子分成小组与受过专门训练的成年人一起生活。苏联曾经把婴幼儿集中起来进行养育。中国在计划经济时期,也曾经向苏联学习,在工作单位设立托儿所。现在看来,几乎所有的尝试都是失败的,集体机构无法取代家庭而成为人早期社会化的场所。

对于社会而言,家庭的第三个重要意义是经济合作。在传统社会,男女生理上的差异导致了经济活动的分工与区别,男性从事需要体力的活动,女性则从事技巧性的活动,形成了分工与合作的格局,使得家庭的夫妻在经济互动中成为相互依赖的整体。家庭成员通过分工和合作,满足家庭的生活需求,实现财富的积累,还通过人的再生产使财富的积累延续。同样,随着人类经济生活的变迁,家庭的经济意义在逐步减弱。以农业生产为例,农民尽管依然要从事生产活动,可家庭的经济收益并不直接取决于农事劳动本身,而是更多地取决于农药、化肥、种子等农业生产资料和农产品市场。后者又越来越多地脱离家庭的控制,由专门的生产和经营、服务机构所掌控。这样,经营活动的很大一部分让渡给了社会。与此同时,家庭的剩余劳动力也越来越需要在社会中消化。在工业生产中,家庭的经济意义甚至仅在于劳动力的价值。因为绝大多数的城市家庭并不从事经营活动,而是依靠人力资源来获得维持家庭的生计。这样,基于分工意义上的性别合作也就完全失去了意义。

家庭的第四个重要意义在于对性行为的管理。不同社会在不同历史时期的性观念和对性行为的约束规则虽然有很大不同,可没有一个社会提倡完全自由的性行为。人类对性行为总是有所约束。以性开放最突出的丹麦为例(北欧国家基本类似），人们赞成年轻人的性行为，却不允许任意的性行为。对人类性行为进行约束的重要环境正是家庭。家庭为两性提供了合法的、相对稳定的性伴侣，进而在社会层次约束了滥交。

之所以要约束任意性行为，社会学家的解释是，性行为有可能导致新生命的产生。产生一个新生命容易，养育一个新生命却要耗费大量的社会资源。如果不约束性行为，谁来承担养育的责任？此外，性滥的另外一个危险是直接威胁社会秩序。每个个体在社会中都有自己的位置，每个人的位置依照规则排列就是社会秩序。社会通过双亲的社会位置确定新生命的初始社会位置，使得社会秩序得以维持。任意的性行为可能使社会无法确认新生命的初始社会位置，进而导致社会秩序的瓦解。

现代社会尽管对性行为的约束越来越宽松，可直到目前为止，还没有宽松到允许任意性行为的程度。社会的基本准则仍然谴责不负责任的性行为。其实，人们对性行为态度的改变到底会给社会带来什么样的影响是一个需要认真研究的问题。

当然，家庭总是处在与社会的互动之中。古德在《家庭》中提出："社会是通过家庭来取得个人对社会的贡献，反之，家庭也只有在广大社会的支持下才能得以继续生存下去。"列维—斯特劳斯（Claude Lévi-Strauss）在《家庭》中却说："社会中的家庭，可以说像旅行中的歇脚站，既是社会存在的条件，也是对社会的否定。"

冲突论的解释

如果从两性对抗的视角出发，我们会看到家庭的另一些社会意义。

女性主义者强调两性之间并不存在和谐的关系，始终存在的是两性冲突。男性和女性彼此竞争，在这场竞争中，女性是失败者，也变成了被统治者。值得进一步探讨的是，性别之间的分工或许有一个历史进程。在人类早期社会，两性的分工是男性狩猎、女性采集和养育。坎贝尔（Joseph Campbell）认为，那时候是女性而不是男性主宰家庭经济。自从有了战争和农业，男性的生理优势逐步凸显出来，成为家庭经济的主宰。也有人对此持不同的观点，哈里斯（Marvin Harris）认为，性别不平等的基础早在狩猎和采集时代就已经建立。

不管家庭不平等来源于哪里，在女性主义者看来，如今的家庭是男性统治女性的工具，并为社会上男性对女性的统治奠定了基础。许多人把男性看做是社会的主宰，并认为这是天经地义的，这是因为，在家庭中，女性属于从属性角色，受到男性的支配。因此，社会中男性对女性的支配只不过是家庭模式的翻版而已。

五、家庭会消失吗?

只有理解在某些功能上社会正逐步取代家庭后,我们才能理解为什么如今会有各种模式的家庭涌现出来。同时,我们也会进一步提出一个问题,那就是,"家庭会消失吗?"

的确,不少严肃的社会学家都怀疑家庭的意义。首先,过去几十年的变化表明,选择婚姻的人数在持续的缩减之中,越来越多的人选择不生育,多数发达国家的生育率已经出现了负增长。作为一个生育单元,家庭对于社会最重要的意义正在消失。其次,社会的变化使家庭作为社会化主要场所的重要性也在下降,如今的社会已经提供了多元化的社会化场所,家庭只是其中之一而已。有人甚至认为大众传媒和学校对孩子的影响要大于家庭。再次,人类对自由性行为的宽容、离婚率的急剧上升、同居群体的发展、同性婚姻的合法化,也都昭示着家庭对自由性行为约束的失败。最后,经济生活的多元化早已使原始的家庭劳动分工失去了意义,家庭的经济合作意义已经丧失。

也有严肃的学者强调,家庭不会走向消亡。首先,传统家庭功能的减弱并不意味着家庭已经失去意义。家庭仍然是人类再生产基本的和主流的形式。人类不可能像生产香蕉那样对人类自身进行批量化生产。生育将始终是人类自己的事情。其次,尽管人的社会化途径已经多样化，可已有的社会实验证明，家庭对人的社会化的影响仍然具有不可替代性。再次，人类对自由性行为的确越来越宽容，却绝不意味着家庭对任意性行为的约束在消失，而只能说明人类对自由性行为的约束变得多样化。离婚会带来伤害，却并不总是坏事，至少可以让在婚姻中感到无奈的人开始新的生活。不少离婚的人仍然选择了结婚，选择了家庭，也证明家庭的魅力所在。最后，家庭的经济合作体意义的确在消失；但同时人们也看到，作为情感的归属，家庭的重要性在不断上升。随着家庭规模的小型化和社会的异质化，现代家庭更多关心的是个人情感，闲暇的增多也使家庭成员拥有了更多的时间和精力来培养情感，家庭成为人们情感的归属地。

看起来，双方的解释都非常有说服力。同时，这又正好说明双方都没有完美的解释。如今，人类的婚姻和家庭都在变化。可家庭会消失吗？相信没有人能给出正确答案。这也正是需要社会学家未来进一步努力的方向。

除此以外，还有不少议题，如家庭暴力、家庭的角色与权威、同居、同性恋、工作与家庭的关系等本讲尚未涉及，也需要研究者能结合中国社会的实际做更加深入的探讨。

分群别集议组织

　　科层制组织广泛传播的决定性因素是科层制的技术优势超过了任何其他组织形式。

——韦伯《经济与社会》

韦伯(Max Weber，1864—1920)，德国社会学家，古典社会学的代表人物之一。

相信不少人听说过鲁滨孙漂流的故事，也羡慕自由自在的生活。在我们的先人中，陶渊明也向往桃花源生活。可如果真给你一个只有你的世界，又会怎样呢？开始时，一定非常开心，就像出笼的鸟儿，可以睡懒觉，可以随意地穿着，可以随意地奔跑，可以大声嚷嚷叫唤。总之，可以做出一切在有人群的地方被认为是缺乏教养的行为。

问题是，你在一个人的世界里能坚持多久呢？相信那些厌倦了现代生活的人会毫不犹豫地回答，一定能坚持下来。可是，在社会学家看来，这不过是吹牛而已。社会学的研究表明，人类最突出的特征之一是，人是群集性的生物。

《荀子·王制篇》说："人，力不若牛，走不若马，而牛马为用，何也？曰：人能群，彼不能群也。人何以能群？曰：分。分何以能行？曰：义。故义以分则和，和则一，一则多力，多力则强，强则胜物……故人生不能无群，群而无分则争，争则乱，乱则离，离则弱，弱则不能胜物。"

这段话的意思是说，人的力量不如牛，奔跑能力不如马，却可以将牛马为之所用，为什么呢？原因是人有能力组织起来，而牛马却不能组织起来。那么，人为什么能够组织起来呢？是因为每个人都有名分。为什么有了名分就能组织起来呢？是因为除了名分以外，还有规则。在名分的基础上再运用规则，就可以使众多的人组织起来。组织起来就能凝聚力量，凝聚了力量就会使力量增大，力量增大了就会强大，强大起来的人类才能战胜外界的各种威胁……所以，活着的人不能没有群体，如果只有群体而没有名分，就会产生纷争，只要有纷争就会混乱，有了混乱就会分崩离析、不能凝聚，没有凝聚就没有力量，就不能战胜外界的各种威胁。

那么，社会学家到底怎样观察和解释人类的群集性呢？譬如人类有什么样的群体？怎样形成群体？群体如何运作？组织与群体有什么关系？这一讲，我们将专注于这些基本问题。

一、人类的群集性

我们知道，人一生下便需要接受他人的抚慰，与他人接触，与他人交往。实验观察表明，婴儿出生后有许多明显的社会交往迹象。如 2 个月大的婴儿可以被同伴的出现唤醒，也可以与同伴对视。6—9 个月大的婴儿可以直接用言语和微笑与对方交流,而对方也常常模仿这种方式将信息返回。婴儿表现出的这些特点,说明他们对社会性交往感兴趣。9个月以后,婴儿之间彼此注视的时间越来越长。他们的微笑、手指动作和话语常常会得到其游戏伙伴的反应和模仿。最初的模仿代表了同伴间对"意义"的分享,为以后同伴的合作性活动奠定了基础。

有证据表明,有没有接触、有什么样的接触对婴儿的成长有不同的影响。没有与人接触的安娜和伊萨贝尔变成了不能直立、不能说话、不能饮食、没有情感的有机体。只与狼接触的幼童变成了狼孩。在人的正常生长发育过程中,婴儿期要与父母接触。再长大一些,要有自己的玩伴。随着年龄的增长,会有自己的朋友、同学、同事。只要我们醒着,大都与他人在一起,学习、工作、生活、游乐,生活在各种类型、规模的群体之中。只有在极少数特别情形下,我们需要短暂的独处、思考、休息。这就是人类群集性的具体表现。

经验事实还表明,与世隔绝的人常常会感到迷惘、自闭,甚至会精神崩溃。举例来说,婴幼儿期即使与人接触,如果没有正常的社会交往,也会形成"不合群"的性格,甚至会演变为疾病,如自闭症。

自闭症儿童在交往上有障碍,症状之一是不依恋父母。当父母伸手抱他/她时,孩子没有正常的迎接姿势,也不缠绕大人。即使受伤也不向父母寻求安慰。对待父母如同陌生人,而与陌生人在一起,也不感到畏惧。

交往障碍导致语言发育也出现障碍。如对语言的理解低下,不能用面部表情、肢体动作、姿势及音调与他人交往。常出现一些异常语言,如语音不清、语调高亢、刻板重复、人称和代词错用,如把自己称为他。有的反复提问或要求答复已知道的事情,有的自言自语。

儿童缺乏正常交往的另一个后果是根本不懂行为规则。一方面我行我素,为所欲为,"视而不见,听而不闻",根本不理会他人的召唤及斥责;另一方面,对事物的变化具有强烈的抵触,譬如会因家具的移动及起居饮食的改变发脾气,甚至惊恐。有的连吃饭时坐的位置、碗筷放在什么地方都不能改变,甚至对熟人的站立姿势和服装的变化也有抵触情绪。

这就是为什么在大多数传统监狱中,对犯人最严厉的惩罚是关禁闭。在大多数军队中,对军士最严厉的惩罚也是关禁闭。《日内瓦公约》也承认,30 天以上的单独监禁是一种残忍的折磨。

人类的群集是必须的,所以强制性隔离便是惩罚,自愿性隔离便是不正常的。举例而言,在日常生活中,如果某人常常是自己一个人,不加入群体活动,无论是少儿游戏、中小学生的扎堆、大学的朋友交往或集体活动、工作中的朋友聚会,甚至亲戚之间的交往,我们会用"离群索居""行为怪异"等词来形容他。依据通常的社会规则,也会认为那是社会不赞同的行为。英国 16—

17 世纪的诗人多恩(John Donne)写过,"人非孤岛",说的便是人类社会的群集性,没有人可以像孤岛一样与世隔绝而正常地生活。

人不仅不能与世隔绝地生活,甚至离开了自己熟悉的生活群体,也会觉得特别难受。冯小刚 1997 年的电影《甲方乙方》里有一个角色叫刘万成,是一位山珍海味吃腻了的老板,特别想吃苦;为此,与"好梦一日游"公司签订了合同,全权委托公司为其实现"吃苦受罪之梦想"。当公司代表确认合同、念到违约部分时,刘万成说,"甭念了,如果我不能吃苦,这大奔、这高尔夫球场都是你们的"。按照合同,公司将其送到了北方一个农村地区。刚到的时候刘万成说:"我要吃得比他们(当地农民)还差,我不就是来受苦的吗?"可是等公司到了约定的时间来接他的时候,却发现他早就在村口的土窑子上等着了,一见到接他的人,便痛哭流涕,还没等车停稳,就窜到了车上。他说:"我再也不下这车了。"当公司的人了解到他将村里所有的鸡都偷吃光了的时候,想请他下车和村民们道个别,他却说:"你们甭想把我给撂下。"当公司代表说:"你不是要实现吃苦受罪之梦想吗? 现在,实现了,总要对村民有个交代吧!"刘万成却说:"还吃苦哩,我都想一辈子和龙虾睡一块!"

影片里还有一个角色、电影明星唐丽君。她不腻味山珍海味,但厌倦了人潮如涌,厌倦了明星生活,希望过普通人的生活。

在"好梦一日游"公司宣布中止唐丽君的一切演出活动和社交活动以后,她真的过上了普通人的生活。可不久,她就耐不住寂寞了,让经纪人到处打电话,希望参加那些她从前根本就瞧不上的活动,免费也行。

这两段故事虽有些夸张,可人的生活就是这样,不是吗?在生活中,人们最离不开的不是工作、金钱、美色,而是自己熟悉的东西。其中,最重要也最特别的是自己的群体。

对于人类的群集性,社会学家有一个简洁的解释。社会学家认为,在人类的社会生活中,社会成员有两种基本需要:一种被称之为工具性需要,另一种被称之为情感性需要。

从人的社会化进程我们知道,人是在其他人的帮助下生存和成长的。依靠群体帮助以达成某种具体目标的需要就是工具性需要。在社会生活中,没有人不具有工具性需要。儿童需要人帮助才能够饮食、站立、行走,学生需要老师的帮助以学习知识,成年人需要人帮助做出某种决策,老年人需要人帮助以走完生命的最后历程。中国有一句俗语,"一个篱笆三根桩,一个好汉三人帮",没有人是不需要其他人帮助而无所不能的。

有时候,人们并不一定需要物质帮助,却需要情感上的支持,让自己的情感表达出来。读者可以把书放下,静心地想一想:我们为什么需要朋友?难道只是出于工具性考虑?为什么烦的时候想找朋友,高兴的时候也想找朋友?遇到不同的难题还倾向于找不同的朋友？为什么不去和一堆陌生人一起聊？这就是情感性需要。找了朋友，获得了情感上的支持与帮助，也就满足了。而且不同的朋友能够满足不同的情感性需要。

对两种需要的满足不只限于朋友、家人，在需要满足方面，正式组织也扮演着非常重要的角色。举一个例子，群体性竞技活动、群体性游乐活动，都是正式组织的活动，不仅满足人们工具性的需求如赢得比赛、娱乐身心，而且满足人们的情感性需求，如情感宣泄和表达。

在社会学研究中，使用分类是为了理解的方便。韦伯的理想类型是典型的例子。这里也不例外。对人的需要进行工具性和情感性区分并不意味着两者是截然分开的，事实上，在某些时候两者很难区分。举例来说，朋友之间的帮助常常是两种需求满足同时发生，同事之间的帮助有时候也不仅仅是工具性需求的满足。那么，同事和朋友到底有什么区别呢？要回答这个问题，我们必须从回答什么是人类社会的群体开始。

二、哥们与君子

根据默顿（Robert Merton）的说法，群体是由自认为属于某个群体的人所组成的。群体是成员之间彼此期望应有某些行为而对外人无此期望的一群人。除此以外，我们还可以找到无数关于群体的定义。如有人（Ian Robertson）说，群体是由在对彼此行为有着共同期待的基础上有组织地在一起互动的人组成的集团。也有人（费孝通）说，群体固然是由个体组成的，没有个体也就没有群体，可形成群体的个体已经超出了自然演化的生物界，进入了社会。个体不仅是生物人，也是社会的个体，社会则是经过人加工的群体。

也许我们从身边的社会现象入手比较容易理解群体这个概念。相信不少人都有路过学校的经历。在学校，尤其是小学下课、放学的时候，我们看到了什么呢？

孩子们三五成群地在一起嬉戏、打闹、追逐、玩耍、游戏、聊天、表演、讨论问题，这就是"群体"。俗话说，"三人成群"。群体的第一个要素是多个人的聚集。说到人群的聚集，在菜市场买菜、卖菜也有人群聚集，且有大量的人聚集，如在北京的王府井和西单大街上，在正常活动时间内，从来都是熙熙攘攘、人来人往、川流不息，有着更大量人群的聚集，这些也是群体吗？社会学家的回答是："不是。"

嬉闹的同学与大街上的人群有什么区别呢？让我们先看嬉闹的同学有什么特点。

第一，群体成员之间有认同感。聚在一起的同学有某些相似的社会特征，如居住相邻，父母相识，父母职业相同、地位相近，有共同的兴趣爱好，在班上有相近的角色地位，聚在一起有一种认同感。用通俗的话说:"我们是一波的。"

第二,群体成员有归属感。同学之间有某种行为期待,在遇到外界冲击时,每个人都期望其他成员能倾其所能共同抵御冲击;在群体发生事情时,每个人对其他人的行为具有期待,如有人摔跤了,身强力壮的同学总是第一个被期待前往救援的人,他自己也知道这一点。

第三,群体中有核心人物。这个核心人物不是选举出来的,而是在群体成员的互动中自然形成的。某个成员凭借某种特质和群体认可优势占据了这个位置,并对群体的其他成员具有重要影响力。

第四,群体具有稳定性。尤其是成员年龄在 10 岁以上的群体,成员构成具有相对稳定性,不会随时变化,且群体内部的凝聚力也会增强,形成一定的行为模式以区别于其他的群体,如下课时,群体成员往往凑在一起嬉笑打闹,甚至上厕所都共同行动。

再让我们看看大街上的人流。也是一群人挤在一起,可这些人相互之间根本不认识,更别说有认同感、归属感之类。那么,这些人算什么呢?社会学家称之为"集合体"。这些人之所以在王府井大街或者西单大街碰到一起,不是因为他们事先约好了才聚在一起,只是因为他们对那里有兴趣而碰巧遇到一起。与此相似,另一个容易与群体混淆的概念是"类群",譬如,河南人、30 岁的人、男人，这些人之所以被归到一起，只是因为他们有某个相同的特征，不是因为他们有认同感或归属感。

清楚了这些，我们就不必对群体的众多定义感到无所适从了。在所有定义中，我们都可以找到共同的一点，那就是：群体成员之间存在互动、存在内部结构，每个群体都有自己的界限、互动规则、角色、地位，甚至自己的价值观。

不过，对群体的如此定义还没有让我们有效地区分朋友和同事（限于工作关系）。因为，两类群体都满足上述定义，都存在互动，都有内部结构，也都有角色分工和互动规则等。那么，两者之间有区别吗？是否可以互换？还是让我们用具体例子来解释吧。

对"哥们"和"君子"两种称谓，我们应该熟悉。举例来说，你正在忙于一个项目，最近几天一定要使用电脑把项目赶出来。根据公司规定，你可以找一个地方躲起来赶活，不用去办公室。可不去办公室又没有电脑可用；你想向公司借一台手提电脑，可公司规定只有闲置的电脑才可以借用。

当你向公司有关部门借电脑的时候，设备负责人说："对不起，现在没有！"在你说明情况以后，设备负责人给你出了一个主意，"看谁手里有，让他先给你用几天。"通过查询借用者名单，你知道至少有 5 位你认识的同事手里有公司的手提电脑。其中，你觉得可以向两个人借。

第一位是甲，你的老同事、老搭档，曾经在多个项目中与你合作。但他在另一楼层，属于不同部门。第二位是乙，刚来不久，曾经在一个项目中与你有过交往，位置比较近，就在相邻的办公室，属于同一个部门。权衡再三，你还是先找了甲。你觉得与甲比较熟悉，他应该可以理解你，并帮你这个忙。

于是你爬了几层楼梯，门也没敲，直接进了甲的办公室。甲很热情，马上给你让座、倒茶，聊过一阵以后，你了解到甲最近并不很忙，把电脑让给你用几天应该没有问题。于是，你单刀直入，问甲："我正在赶一个项目，想到外边躲几天，你能把公司的手提电脑借给我用几天吗？"一听这话，甲马上面有难色，磨蹭了半天说："实在不好意思，根据公司规定，我应该先还，你再去借。再过两三天，我就可以还了。到时候你自己去借，行吗？"你能说不行吗？出得门来，你没好气，骂了一句："装什么正人君子，前一阵还见你小蜜用过呐！"

回到自己楼层，你心想，甲都那样，乙就更不可能了。在犹豫之中，你还是走进了乙的办公室。没有寒暄，你直截了当地给乙说明了来意。在潜意识里，你以为乙也会和甲一样，直截了当地拒绝你的要求。可乙却请你在沙发落座，说："你等我两分钟，让我把数据和文件备份出来就给你。"送你出门时乙还说了一句："注意休息，别太累！"在乙关上办公室的那一刹那，你高兴得直想跳起来，抱着电脑亲了一下，脱口而出："真够哥们！"

当例子中的主人公说"装什么正人君子"和"真够哥们"时，他已经在根据不同的群体交往规则将这两个人归入了两种不同类型的群体。"哥们"是一类关系紧密、可以"帮忙"的群体；而"君子"是一类成员之间关系松散、大多数时间只能公事公办的群体。

无论在日常生活里，还是在工作场所中，我们都会遭遇与自己关系亲疏有别、互动规则相异的两类基本群体，即初级群体（又称为首属群体）和次级群体（又称为次属群体）。初级群体是一类规模较小、有多重目的的群体，譬如家庭。家庭内部尽管会发生各种冲突，但只要同在一个屋檐下，家庭成员之间的关系，总是不同于与其他人之间的关系。人们通常说"血浓于水"，指的就是家庭成员之间的关系是血缘关系，且因为血缘的存在，也是最紧密的关系。

初级群体最突出的特征是，群体规模小，成员之间面对面，融入了强烈情感，角色多样，互动自由和认同感强烈。初级群体的基本条件是面对面的互动，只有面对面互动才能形成其他群体没有的特征。面对面互动的条件则是小规模。如果规模很大，就不可能保证成员之间面对面地互动。

在面对面互动环境下，每个人都把自己的情感甚至人格带进群体互动之中，举例来说，母亲对每个家庭成员的情感是真实和深厚的。其他家庭成员对母亲的付出心怀感激，用自己的努力回应她的付出。家庭成员之间的类似互动让其形成了紧密的利益和情感共同体。

由于群体规模较小，每个成员之间都有互动的机会，而且是情感和人格投入的互动，使得相互之间的交往真诚自然，没有修饰、没有装扮和表演，每个成员呈现的是朴素的自我，也能从他人对自己的反应中反观自我。由此形成的关系具有很低的替代性，其他社会关系很难替代初级群体关系。举一个例子，在日常生活中，如果有人说，"嘿，她是我姐"或"别说了，我们一块儿光屁股长大的"，这时，其他人非常清楚，这两人关系非同一般，他人很难离间和取代。

库利在《社会组织》中提出"初级群体"概念时，不是从人类的群集性和人的所属群体出发来讨论的。他的兴趣在于家庭和儿童嬉戏群体。在他看来，这是使人获得社会化的两个基本群体。是这两个群体培养了人的本性。他提出了社会学家不曾注意的问题：人生来便是群体的人。在库利之后，人们用初级群体来指称家庭和儿童嬉戏群体，也指称与这两个群体类似的人类社会群体如儿童的"小集团"、运动队等具有强烈认同感的群体，并将与初级群体特征相异的群体称之为"次级群体"。

次级群体是为达到特殊目标而设计的、成员之间很少情感互动的群体。与初级群体的互动不同，次级群体成员之间面对面的情感性互动非常有限，彼此之间以群体角色关系为依归，只是包含了人格的有限方面。

次级群体是社会的主要组织形态,除了初级群体以外的所有群体,都可以被称之为次级群体,如社区、学校、公司、政府的工作群体和各类正式组织。在次级群体中,人们都倾向于公事公办、以达到具体实务目标为宗旨。群体成员之间的互动不是情感表达和情感支持。成员之间的角色也具有极大的替代性。

在现实生活中,初级群体尽管更多地表现为自然的关系,如家庭,却并不意味着初级群体与次级群体在时空上是截然分离的。事实上,初级群体中可以产生次级群体,次级群体中也可以产生初级群体。举例来说,在浙江温州有很多家庭工厂,基于家庭工厂也形成了许多大规模企业,形成了初级群体与次级群体交错的格局:在家里,家庭成员是互动密切的和情感为上的初级群体;在公司,则是同事和公事公办的次级群体;在关键时候,在次级群体的互动中又会表现出初级群体成员的关系特征,如替班或对成员过失的容忍。都是公司职员,对来自同一个家庭的职员的容忍与帮助往往会远远高于其他成员。

即使原来毫不相干的人,如果因工作关系走进了一间办公室,且彼此投缘,让情感、人格、个人偏好介入到工作群体中,也就在次级群体中自然发展出了初级群体。正式组织的非正式群体大多属于这种类型。

三、群体是如何运行的？

到这里为止,我们讨论的还是小群体,尤其是以小群体形式表现的初级群体,尚没有涉及典型的次级群体如正式组织。社会学讨论的次级群体,既可以是小群体,也可以是规模庞大的正式组织。小群体的特点是:构成群体的人员数量有限,群体成员之间可以建立面对面的互动关系。

除了初级群体与次级群体的划分以外,社会学在小群体中又区分了内群体和外群体。萨姆纳(William G. Sumner)1906年提出了内群体和外群体概念,用以区分自己的群体和他人的群体。内群体指自己所属的群体,自己人组成的群体。外群体指自己不属于但他人属于的群体。

在实际观察中,萨姆纳发现,每个人总认为自己的群体具有外群体不具有的优势,总对自己的群体具有特殊感受。与此同时,每个人也总用怀疑甚至敌视的眼光看待外群体,并认为外群体具有某种极端的劣势或罪恶。这也是默顿说的,在内外群体之间,事实上存在着双重标准,用道德的标准来衡量内群体,用罪恶的标准来衡量外群体。

无论什么群体,都具有某种界限,否则无法区分群体成员和非群体成员。在次级群体如俱乐部中,只有会员才可以进入。

即使是初级群体如儿童嬉戏群体，非群体成员也很难加入。有的群体通过特殊标识来区分群体成员与非群体成员，以达到阻止非群体成员入内的目的。举例来说，校徽是一个典型的次级群体标识。曾经有一段时间，不少学校要求师生佩戴校徽，否则不准进入学校，目的是区分非群体成员的进入。同理，制服亦如此。有的群体则通过特殊语言或符号来进行区分，举例来说，儿童群体往往用特殊俚语来区分。暗语对群体区分具有同样的功用。网络世界的用户名与口令也是区分内群体和外群体的工具。

问题是，为什么要进行区分呢？1956 年，谢里夫（Carolyn Sherif）进行了一项迄今为止仍然被广泛引用的实验。实验对象是年龄 11 岁、来自稳定中产阶级家庭、信仰新教的男孩。实验的目的是了解群体如何形成以及冲突如何影响内群体和外群体的社会关系。当然，在整个实验过程中，实验对象并不知道是在进行实验。

在实验之前，这些孩子之间并不相识。谢里夫组织了一个夏令营，让孩子们参加，夏令营开始一段时间后，孩子们便形成了不同的小群体。在观察到小群体相对稳定以后，谢里夫将这些孩子随机地分成了两个大组，并让他们分住在相隔较远的不同住处。尽管原有的小群体解体了，很快，在两个大组内部，新的小群体又形成了。为了观察以前的小群体是否仍然起作用，谢里夫故意在两个大组之间制造对抗性和竞争性活动，结果是，不仅两个群体之间的对抗和敌意越来越强烈，连以前曾经同属一个小群体、现在分属两个大组的成员之间也出现了同样的对抗和敌意。最后，谢里夫中断供水，要求两个群体共同努力。有意思的是，两个敌对的群体很快就忘记以前的对抗，转而进行合作。

从这个实验我们了解到，群体成员都有对自己群体的认同与忠诚。而且，认同与忠诚会因为组织的界限得到强化，尤其是存在冲突时。因此，边界是群体区分的基本要素，边界的存在使得群体成员的归属感得到强化，并有助于保持群体成员之间的团结和加强群体内部的凝聚力。

从这个实验我们还可以看出，群体运行以一定人群规模为条件。在讨论社会交往时，齐美尔提出，人类最简单的群体是二人群体。由于两人之间是一种完全的相互依赖关系，任何一个人的缺席都会导致群体的解体；因此，每个成员必须不断地考虑自己的行为会给对方造成的影响，形成了更加紧密的互动和情感卷入。

接下来是三人群体。按照齐美尔的说法，与二人群体不同的是，由于每个人在一个时间只能与一个成员进行互动，其中总会有一个人处于闲置状态。此时，处于闲置状态的人有三种选择：一是打断既有的互动、加入进去，使另一个人处于闲置状态。

二是成为两人之间的调解者。不过,调解者是最不稳定的角色,如果公平调解,调解者会超出群体成员之间的平等性,而有试图成为领袖之嫌。此时,另外两人也会试图获得领袖地位,并因此形成群体内部冲突,使群体面临解体;如果不是这样,调解者只能要么偏向一边,要么因调解无效而被晾在一边。总之,第三个人左右不是。这样,就有了第三种选择,退出群体,使三人群体变为二人群体。因此,三人群体是最不稳定的群体。

群体成员越多,群体内部的关系就越复杂,群体中可建立的两两关系便成几何级数增长。根据既有研究,小群体最适合的规模是五人。如果太小,由于互动的紧密性而容易造成紧张状态;如果太大,则根本不可能在两两基础上建立互动,小群体的意义随之丧失。五人群体的优势在于:(1)可以构成犄角平衡;(2)或分裂为二三群体,不会有任何游离;(3)成员的角色转换非常方便。当然,根据不同目标,群体规模恰当数量也不相同。譬如学习外语、从事球类运动和进行同伴教育的群体规模就可以各不相同。

除了规模,群体运作还需要规范,即荀子的"义"。任何群体都有自己的行为规范,否则无法形成群体成员之间的行为期待。没有规范的行动是无法预期的。在波士顿北郊的一个意大利人社区,怀特(William F. Whyte)对那里的年轻人群体行为进行了观察。他发现,这些游荡在街头的年轻人并不是随意组合起来的集合体,而是有严格规范的小群体。波士顿的高坡区是波士顿精英们居住的地区,那里的群体有着严格的绅士般的行为规范。怀特发现,意大利社区街头的年轻人群体的规范在严格的程度上并不亚于高坡区精英群体的规范,包括严格的等级制度、组织规则、行为规范、互助原则等,俨然是一个"街角社会"。

在对群体行为的研究中,研究者们发现,尽管很少有完全相同甚至相似的群体,却有相似甚至相同的群体行为规则,如决策和遵从。以遵从为例,许多实验表明,在群体内存在着强大的遵从压力。

阿希(Solomon Asch)1955 年做过一个经典实验。这是一个视觉辨别实验。首先对参加实验的人群进行分组,7—9 人为一组。在每个小组,阿希只安排了一个实验对象(不知道是在做实验),其他人均为阿希的同伙(知道是在做实验)。在一连 18 次实验中,阿希都在群体面前举起两张大卡片,第一张上面只有一条线段,另一张卡片上则有三条长度不等的线段,其中有一条线段的长度与第一张上的线段完全相等。实验方法是,在小组成员在场的情况下,要求每位成员大声说出第二张卡片上的三条线中,哪条线段与第一张卡片上的线段在长度上完全相等。

在每次实验中,阿希总是先让同伙说出他们的判断后,才让实验对象进行回答。在第一次实验中,阿希的同伙进行了正确的判断,第二次亦如此。在剩下的 16 次实验中,阿希的同伙提供了 12 次错误的答案,实验对象又是怎样回答的呢？在最初的实验中,阿希发现,有 1/3 的实验对象修改了自己的答案,顺从了其他人的判断。在对照组(完全由实验对象组成)则只有不到1‰的错误率。在实验后的访谈中,阿希又发现,只有极少数实验对象认为其他人的选择是正确的。他们之所以跟从了其他人的选择,即在实验对象看来是错误的答案,只是因为他不想成为一个不合群的人,只是想和大家保持一致。是群体的强大压力使实验对象选择了错误答案。

遵从,在群体中往往表现为群体压力的后果。这种群体性压力可以表现为多种形式,如行为的知晓、规范、服从、群体意志、行为的风险等,它们都可能构成强大的群体压力,进而构成对所有群体成员行为的约束力量。

与行为规则相伴随的是角色,也即荀子所谓的"分"。许多群体规范是以角色期待形式出现的。按荀子的说法,之所以要有"分"是为了避免群体内部的混乱。在很多情况下,群体会自然而然地形成角色分工。举一个例子,在飞机上如果有人突然生病,乘务员马上会广播求医。此时,医生会担当起救治的主导角色,可以吩咐周围人担当不同的角色,尽管在此之前没有人知道他是医生,他也不可能吩咐其他人去做任何事情。当然,在《街角社会》的意大利社区年轻人群体中,角色分工更是清楚和明确。什么人担任领袖、什么人担任助手、什么人担任一般角色,都相当自然,就像正式组织里的岗位结构。

在众多对小群体的经验研究中,社会学家还发现,群体可以有各种类型,但所有的群体却都会有一些共同的角色,如领袖。任何群体都有一个领袖,即使有些群体竭力制造平等环境、避免出现领袖,却也不能阻止领袖的出现。群体领袖总有一些特别的优势,荀子说,"君者,善群也",在小群体中,领袖不一定有正式的权力,却能坚定地左右他人的行为。

四、组织与组织理论

对每一个生活在社会中的人而言,群体是重要的,毕竟,我们不能没有情感地生活。可如果只有情感,我们也不能生活,人,总要衣食住行。可物质生活既不能从情感产生,也不能简单地依靠群体。同样重要的是人类社会的组织。

在现代社会中,人们举手投足都会涉及组织。让我们举一个城市生活的例子,一个人早晨起床第一眼要看的是几点了,时间有专门的组织机构在发布。接下来要洗脸刷牙,所用的器械都有专门的组织生产,自来水有专门的组织供应。还要吃早餐,无论牛奶还是面包,任何食品与饮品都有专门的组织生产。再接下来,无论上班、学习,还是休闲、娱乐甚至无所事事,都离不开组织。再举个例子,人总要穿衣,衣服不是自己做的吧?即使是你自己做的，布料也是自织的，难道棉花或化纤原料也是自己生产的？在这里，又卷入了组织。你总要出门，出门便会涉及交通，而城市里的道路也是专门组织在设计、施工和维护。

如果我们不生活在城市，而是生活在偏远的乡村，譬如一个还没有电灯的地方，我们也要依赖组织，不过，对组织的依赖程度会大大减轻。没有自来水、没有电、没有水泥马路，可以不上学，也可以不上班，可以自己种棉花、纺纱织布，可以自己种粮食……总之，可以没有现代城市生活的许多东西。

两相比较可以发现，组织对社会生活的影响并非从来都如此，而是在社会经济的演化中发展变化的。从农业社会到工业社会，人类社会生活的最大变化之一是组织对社会生活各领域的渗透。组织的渗透为我们带来了方便，住在 21 层的人可以乘电梯而不用自己爬楼梯，进门以后不用点灯，按下开关便可以有照明。同时，组织的渗透也使我们越来越多地失去了对生活的掌控，如果电力公司不供电，便无法乘坐电梯，也没有照明。换句话说，组织渗透的另一个影响表现为把许多曾经是我们自己掌控的东西拿走了，交给了那些我们无法施加影响力的组织、专家、官员，使个人对自己生活的控制力越来越小。

和群体一样，人们对组织也有多种定义。斯格特（W. Richard Scott）指出，不同取向的人会给出不同的定义，但有一点却是共同的。那就是，人们总是倾向于认为，组织是为达成某种目标而组成的社会群体。组织的规模、技术、目标、资源配置方式等可以不同,组织要实现一定的目标且实现目标的手段却是相同的。任何组织在运用手段实现目标的过程中,都不会是我行我素、天马行空,都会受到更大环境的约束。那么,社会学家对组织这一次级群体到底有什么样的研究呢?

人类对组织的研究可以追溯到千年以前,《荀子》和《管子》都是中国古文献里对组织进行阐述的经典之作。最早系统论述现代组织的则是韦伯。在《经济与社会》和《社会组织与经济组织理论》中,韦伯系统地阐述了科层制的组织理论。与工业社会之前的社会比较,韦伯认为,工业化的特点在于社会和经济过程的"理性化"。如果说早期社会的权威来自个人魅力和传统社会结构的力量,那么,"理性化"使得权威的产生迈向非人格化和脱离传统。

韦伯指出现代社会的组织具有以下特点:(1)科层制结构。因职设位,服从效率和管理原则,职位不属于私人所有。(2)分工明确。横向按职能分工,力求职责、权限和任务清晰,力求做到各负其责、各司其职、互相配合。(3)规则严密。组织管理和权力分配均建立在一整套为组织成员共同认可和严格履行的正式规则基础之上,成员活动都无一例外地受到这套规则的制约并排除任何情感因素。(4)行政权和立法权分离。权力分等、分层,为一个金字塔形的等级结构,纵向按职位层层授权。(5)每一层级的管理人员必须具有特殊的才能和经过特殊的训练。
(6) 人员的选拔通过公开竞争进行。

韦伯的科层制之所以被称为理想类型是因为人类社会从来没有出现过与之完全一致的科层制度。我们可以回想一下自己在生活中遇到的各种组织，其中最典型的是政府机关。让人疑惑的是，政府机关难道都是这样办事情和配置资源的吗？如果真是这样，政府组织应该有非凡的效率，也不会出现腐败。问题是，实际情况与理想相去甚远。与政府打交道的经验告诉我们，如果采用公事公办的方式，有时并不能获得效率；如果找门路，托关系，偶尔还能顺利把事情办了，为什么？

20 世纪 30 年代，社会学家发现了正式组织的非正式群体。在对西部电气公司霍桑工厂的研究中，马约（Elton Mayo）等人发现，在正式组织中，并非只有正式规则在发生作用，非正式群体和规则同样发生作用。举例而言，在工厂的车间，如果按产量来计算报酬的话，车间自发形成的群体会形成这样的规则：每个人完成的生产量既不可过高、也不可过低，高者会被认为影响了大家的正常收入，低者会被认为侵蚀了大家的劳动。这样的规则与正式组织的规则显然是相违背的，却是在车间实际存在且发生作用的。

在 20 世纪 60 年代对政府机关的研究中，布劳（Peter Blau）也发现了类似的例子。在一个税务稽查机构，组织规则规定，在遇到不能处理的问题时，办事人员应该向上级汇报而不可以和同事讨论。实际情况是，大多数办事人员并不这么做。在遇到难题时，他们不是直接向上司反映，而是在同事之间彼此商量。这样做虽然违反了规则，却既可以获得具体的建议，也可以减少单独工作时的焦虑，还可以避免因工作问题与上司接触而让上司感觉自己缺乏工作能力，由此降低晋升风险。如此违反规则带来的另一个影响就是，同事之间的相互帮助，有助于在同一个层级发展友谊和忠诚。布劳认为，科层制度内部的非正式结构不仅使得问题获得了有效的处理，并因此使得组织在僵硬的规则之外获得了更大的主动性和灵活性。

当然，正式组织中的非正式关系并不只限于具体办事层次。在几乎所有层次我们都可以看到非正式关系的存在和影响。同样重要的是，不是所有非正式关系的影响都是积极的和有助于组织目标实现的。在许多情形下，非正式关系更是组织目标偏离和腐败产生的根源。举一个例子，为了市政建设的某个目标，决策群体或许会采用其他方法绕过正常的决策程序如提交市人民代表大会常务委员会讨论，进而使得目标可以尽快实现。与此同时，决策团体也许会把小群体利益考虑进去，使实现市政建设目标的过程变成了为决策群体甚至个人谋私利的过程。

正是因为观察到诸多相冲突的社会事实，不少学者对科层制提出了质疑。1964 年，克罗齐埃（Michel Crozier）对法国一个卷烟厂的经验研究显示,在卷烟车间,机械总会发生故障,操作机械的工人却不会排除故障。厂规规定,在故障发生后,必须由机械修理工加以诊断和排除。这样,如何诊断和排除故障成为机械修理工的个人权力,他可以决定排除故障的优先顺序和时间。可工厂实施的是计件工资制,机械故障会影响生产量进而直接影响工人的收入。谁都希望自己机械的故障能在最短的时间内排除。技术权力被纳入到需求满足之中,机械修理工在工厂里具有人们想象不到的权力,他通过控制机械维修,控制了车间的生产。依据这样的事实,克罗齐埃对科层制与效率之间的经典假设提出了质疑,把科层制定义为"不能根据教训修正其行为的组织"。

人们一方面在理论上抨击科层制,另一方面也在寻找科层制以外的有效组织形式。20世纪中后期的日本企业是社会学家关注的典型例子。20世纪60年代以后,日本的崛起特别是汽车工业的发展使社会学家把注意力放到了日本企业的组织上。通过比较美国和日本的企业,社会学家发现,日本企业的组织方式并不是典型科层制的,而是日本式的。

20世纪70年代后期和80年代初期,大内(William G. Ou-chi)和他的研究伙伴们在比较美国和日本的企业以后提出,日本企业有着明显不同于经典科层制的特点。第一,在雇用方式上,日本公司采用的是长期雇用制。基于科层制的组织采用的往往是短期雇用制，企业不仅可以根据需要随时从劳动力市场雇用员工，也可以随时解聘员工。但在日本企业中，人们一旦受聘，基本上就是终生。

第二，在决策方式上，日本企业并没有遵循自上而下的原则，而是相反。日本的大型企业没有科层制权力和决策的金字塔，即每一层次只对自己的顶头上司负责；相反，管理者的决策意见往往来自组织的底层。在决策过程中，不仅管理者征求下级人员的意见，高级管理人员也征求底层工人的意见。

第三，日本公司并没有遵循专业化原则。在日本企业中，雇员的专业化水准比西方同行要低，但一个从实习生起步的银行职员在 30 年以后也许有能力掌握银行所有重要工作。这一点，西方企业是做不到的。科层制要求每个人只能专注自己的工作。

第四，在科层制结构中，每个人的角色和义务是明显的，组织内部的沟通也通过正式文本进行。一个岗位上的人是一个工作单元。但在日本企业中，基本的工作单元是群体，企业针对的也是群体而非岗位上的个体，如绩效评估不会针对个人。在企业组织结构图中标识的也是群体而不是个人。显然，这与科层制相悖。

第五，在日本企业中，晋升不仅依据个人在一项工作中的表现。由于终生雇用制、群体工作制和低专业化，在评估职员时，公司不可能根据其一时一事的表现来妄下结论,而要考虑职员的资历、对团体的效忠、对工作群体的长期贡献。因此,日本企业强调长期评估和慢慢晋升。这样的做法与科层制的理念也不相同。

大内指出,科层组织的局限性非常明显。在实际的生活中,我们也观察到了科层制的僵硬、苛刻和缺少参与性常常会使其具体的操作与理想类型相差甚远,导致"内部失败"。

社会学家对组织的关注不只限于科层制。20 世纪 60 年代以后,组织理论呈现了多元化的发展,从分析的单元来看,包括了至少三个层面:超组织层面,讨论组织与环境的关系;组织层面,探讨组织的结构、技术、文化、权力等;个体层面,探讨个体期待、满足、行为等。也产生了不同的学术流派,如权变理论、资源依附理论、种群生态学理论、新制度主义、文化学派等。

权变理论

就像人不是孤岛一样,任何组织也不是孤立存在的,都要与环境发生联系。对企业而言,环境可以是所有和企业发生社会经济关系的组织如供应商、销售商、竞争对手、企业联盟,与之相关的国际组织、社会制度、文化、法律等。组织面对的也是一个纷繁的世界。

伯恩斯(Tom R. Burns)和斯多克(George M. Stalker)在 20

世纪 60 年代曾经对英国 20 个不同类型的企业进行了研究,包括传统的纺织厂、工程公司和刚刚起步但变化极快的电子企业。在这些企业中,他们发现了两种差异很大的管理类型,并将其称之为"机械型"和"有机型";且不同产业和不同管理类型之间也有关联,他们把这种关联归因于不同的环境。在稳定的环境中,企业管理专注于程式化的活动,技术方法、任务、权力都与职位相对应,互动的方式是垂直的,像机器一样,也因此产生高效率。在快速变动环境中,当新问题和新要求出现时,没有时间像传统组织那样将问题和要求分解到专家、然后再从专家那里得到答案,当事人必须尽自己所能,运用自己的经验和知识在组织利益的框架内解决问题。在这样的组织中,职位的职责和传统组织比较,已经变得模糊和更加富有弹性,组织的效率不再依靠专门化的分工,而是依靠针对具体情形的快速决断,即权衡和变通。

在开放系统的基本假定下,20 世纪 60 年代后期,劳伦斯(Paul Lawrence)和洛其(Jay Lorsch)在讨论组织和环境的关系时提出,不同的环境对组织有不同的要求,特别是那些市场不确定和技术发展极快的环境。组织的成功即意味着要满足环境变化的要求。

卡斯特(Fremont E. Kast)和罗森茨韦格(James E. Rosenzweig)系统地讨论了组织与环境不确定性的关系,他们发现许多管理者在实践中并不是机械地按照组织规则办事,而是根据具体情况作决定。他们认为组织效率并不完全是结构和功能的函数,而是因素之间权变关系的后果,任何决策都需要"具体问题具体分析"。也是在这个意义上,他们提供了从系统论出发的权变理论,认为环境和组织各个子系统都有自己的特点,不同类型的组织均有与环境相应的以及组织内子系统之间的关系模式。组织效率来自于在组织与环境之间、组织内各子系统之间寻求最大的一致。组织是寻求效能、效率提高和参与者满足感的实体。

加尔布雷斯(Jay Galbraith)提出的"信息加工模型"被认为是权变理论诞生的标志。在《设计复杂组织》中他提出,复杂组织的复杂性、不确定性和互倚性,要求组织重视信息加工,以便获得"协调"。对沟通的要求决定了组织的结构,而不确定性又是沟通的最大障碍,因为复杂组织的功能性互倚使得一个部分的问题会影响到其他部分。有三个命题被认为是权变理论的经典命题:不存在"最好的"组织方式;任何组织方式都不具有同样的有效性;最好的组织方式总是依据组织和环境关系来确定的。第一个命题针对管理理论;第二个命题针对经济学理论;第三个命题是权变理论的基本命题。

权变理论的基本假设是,如果组织的内在特征能够最好地满足环境要求,便会具有最好的适应性。问题是,什么是内在特征? 什么是环境要求? 怎样算是最好? 对这些问题的回答形成了权变理论的一系列成果。后来,加尔布雷斯在专文中再次强调了信息加工的观点,提出环境的不确定性是满足环境要求的关键,"某项任务的环境越不确定,为更好完成任务所需要加工的信息量就越大"。"不确定性"变成了组织研究的专门论题和权变理论的核心概念。

对"不确定性"的权变处理,后来被广泛运用于组织战略、组织决策、组织设计等涉及不确定性的研究中,特别是对组织技术问题的研究,由此产生了结构权变学派、战略权变学派、目标权变学派等。权变理论几乎成为 20 世纪 70 年代组织研究的垄断学派。

种群生态学理论

种群生态学是生物学的一个分支,来源于达尔文的生物进化论,强调自然对生物物种的选择和决定性影响。种群生态学的基本观点是:物竞天择、适者生存。在社会科学中运用达尔文理论的历史并不算短,并形成了"社会达尔文主义"。而把种群生态原理运用到组织研究的则是 20 世纪 70 年代后期的汉南(Michael T. Hannan)和弗里曼(John Freeman)。他们受霍利(Amos Hawley)和坎贝尔(Donald Campell)的影响,创立了组织研究的种群生态学理论。

借用生物学种群生态学的方法,组织研究的种群生态学强调组织群体层面的探讨,而不是把组织个体当作分析单位,这是它和其他组织理论区别最明显之处。运用这种方法,种群生态学试图解释为什么一些类型的(或形态的)组织生存了,而另一些则消亡了。组织又有着怎样的生命周期。种群生态学的基本假设是,分享相同资源的组织之间会因为争夺资源而相互竞争,并直接影响组织的生存与发展,进而在一个时点上形成暂时的生态平衡。

借用生物学的思路,种群生态学组织研究的基本命题是:组织类型(或形态)对环境的适应性决定了组织的存亡。在分析中,种群生态学强调三个过程:变异、选择、存留。变异指组织的创新;选择指环境选择适宜的组织;存留指组织的生存。这也是生物学种群生态研究的三个视角。在这里,环境的选择最重要。组织只有通过了环境的选择,才能获得生存的基础。不过,研究者对生存选择的主要指标却有不同的观点。汉南和弗里曼认为是组织的死亡率,卡洛尔认为也应该包括出生率,即应该计算净死亡率。

汉南和弗里曼研究的进一步发展是把目标转向探讨组织类型和环境之间的依附关系,并进一步阐述组织种群不是随便的组织群体,而是具有相似或相同特征的组织群体。对相同或相似性判断的依据在于组织对外在环境的依附模式。

此外,对组织的种群生态学研究还扩展到了与生物学种群生态学相对应的另一些方面,如组织生命周期、生命周期发展阶段、生命周期的阶段模型,以及技术发展和组织环境的关系等。

从社会学组织研究的发展进程来看,种群生态学理论的出现可以被看做是对组织中心主义(即强调决策分析)的回应,对组织作为一个群体的强调凸显了一些过去被组织理论家们忽略的问题。如对组织变迁而言,组织理论家通常只关注变迁的结果,一些组织代替另一些组织,而不是组织的适应与变迁。种群生态学理论努力的方向是探讨组织适应与变迁的过程,研究者们强调了竞争类型和方式、竞争战略的差异、针对环境的选择性等。

资源依附理论

如果说种群生态学理论是从环境出发强调环境"选择"和组织的被选择,那么资源依附理论则是从组织出发,强调组织对环境的"适应"和组织的主动性。对组织与资源关系的研究早在20世纪60年代就已经开始,不过,使其成为引人注目的学派的则是菲弗尔(Jeffery Pfeffer)和萨兰奇克(Gerald R. Salancik)。

资源依附理论的基本假设是,没有组织是自给自足的,组织都在与环境进行交换,获得生存的资源。在和环境的交换过程中,环境给组织提供关键资源(稀缺资源),维系组织的运行。对资源的需求使得组织对环境有所依赖。资源的稀缺性和重要性决定了组织对环境的依赖程度,使得环境权力显现,如经济依附常常造成政治问题,并只能通过政治途径获得解决。

资源依附理论分析的起点是,确定组织的需要和满足需要的渠道。方法是首先确定资源的关键性,特别是针对组织的稀缺性;接着考察组织获得关键性资源的途径,如多渠道的资源依附途径,包括资源的水平集成和垂直集成。举例而言,对人才的需求可以通过雇用人才来解决。

资源依附理论的另一个思考是组织对环境的操纵。在组织与环境的互动关系中,组织通过参与(特别是管理者的参与),考察环境,发现机会和威胁,趋利避害。如组织虽然都依赖供应商和消费者,但可以主动地决定选择什么样的交换模式和交换条件。在管理层面,对资源依附的管理是要对环境进行仔细的定义和监视。

资源依附理论认为,组织有能力与环境交换,并有能力对环境做出反应,如管理人员对环境和组织的管理,特别是对环境的管理。资源依附理论的一个重要贡献在于让人们看到了组织能够采用各种战略来改变自己、选择环境和适应环境。

新制度主义理论

在讨论组织与环境关系时,权变理论、种群生态学理论和资源依附理论涉及的是组织与技术和资源环境的关系,组织是理性的,通过寻求与环境的互动来追求效率最大化。同时人们也观察到,在组织寻求效率时也存在大量的无效率现象。有些组织建立了一些显然是没有效率的机构,有些组织与效率无关,却照样生存和发展。人们还观察到一个现象,组织在结构上具有趋同性。举一个例子,如果一个组织建立了某种机构并获得赞赏,其他组织也会跟着效仿,不管其是否有效率。为什么呢?这就是新制度主义试图回答的问题。

在社会学的组织研究中,大概没有哪一种理论像新制度主义那样获得如此广泛的关注、得到如此广泛的应用;同时,也没有哪一种理论像新制度主义那样在社会科学理论领域造成如此严重的混乱。鲍威尔(Walter W. Powell)和迪马鸠(Paul J. Dimaggio)认为,新制度主义和老制度主义的分界线是梅约尔(John W. Meyer)和儒文(Brian Rowan)的两篇文章:《作为制度的教育的效力》和《制度化的组织:作为神话和仪式的正式结构》。在这两篇文章中,梅约尔和儒文提出了新制度主义的核心思想,针对的则是源于塞尔兹尼克(Phillip Selznick)的老制度主义。

塞尔兹尼克是默顿在哥伦比亚大学的学生。通常认为他应该继承帕森斯和墨顿的传统,成为结构功能主义的传人。实际上,他却继承了早期组织研究名家巴纳德(Chester I. Barnard)和西蒙(Herbert A. Simon)的思想,运用帕森斯的"系统"观点,发展了后来被称为"制度主义"的自然系统模型。塞尔兹尼克认同理性主义的基本立场,即组织是达成目标的理性化工具。不过,他认为理性并不是组织的最重要特征(譬如在与非理性组织行为的斗争中,理性的正式组织从来都没有成功过),组织最重要的特征是有自己的生命。在正式的组织结构中,非理性是不可杜绝的。因为非理性来自个人,他们参与组织活动,不仅是为了实现组织目标;非理性也来源于组织结构,既包括正式层面,也包括复杂的非正式系统。个人把个性带到组织,并渗透到职责中(构成组织中的非正式系统)。对组织而言,有价值的是组织的过程,组织努力与环境讨价还价,以实现组织目标,并尽量限制环境对组织未来的约束。

在这个意义上,组织是有机体。这个有机体的特点由参与者的个性和职责,以及外在环境的影响形塑。在承认组织是一个自我维护、持续的系统之外,塞尔兹尼克还希望发现一些特别的东西,包括处于与环境正式关系中的组织的安全性、非正式关系中的组织的稳定性、组织角色的外在统一性等。这些,都是组织的"需要"。是这些"需要"指明了组织行为(包括外向性行为)的内在联系。

在此基础上,塞尔兹尼克开始关注那些不那么容易得到满足的"需要"。这样,他的关注点便离开了正式结构和过程,指向了那些非正式的结构和需要,包括非正式结构、意识形态和需求的"吸收"。塞尔兹尼克认为,研究组织的日常决策并不能告诉我们组织获得特性的过程,而只有研究那些关键性的决策、那些引起组织结构变化的决策,考察其对组织结构特征的影响,才能理解组织的个性。而组织获得个性的过程就是"制度化"或是在面向任务的技术满足的背后体现的价值观。对组织而言,制度约定是在组织应对外在约束、环境压力、内在人事变动、兴趣和非正式关系变迁中历时发展的。人们可以观察到,尽管组织的制度化会因组织的不同而有差异,但任何组织都面临制度化,没有组织能够完全应对内部和外部的压力。

梅约尔和儒文的文章代表了旧制度主义的结束和新制度主义的开始。他们指出,现代社会包含着许多制度化的规则与模式,如专业组织、国家。是社会现实为创造正式组织提供了框架。在现代社会,这些制度几乎是"理性化的神话",它们是一些被广泛使用的信念,又不可能被客观地检验。在人们看来,它们为"真",因为它们是"信念"、是理性化的。正因为如此,这些信念提供了为达到目标所必需的特定程序,其中法律是最好的例子。法律最大限度地提供了人们解决问题的途径。

在比较新旧制度主义时,鲍威尔和迪马鸠认为,新旧制度主义者对理性模型都持怀疑态度,且都认为制度化是一个有条件的过程,在这个过程中,机会的限制使组织的工具性受到约束;两者都重视组织与环境的关系,都要揭示与组织正式结构不协调的方面;都强调文化对组织的影响。

与旧制度主义不同的是,新制度主义不太重视组织内部和组织之间的利益冲突,重视的是组织如何通过改善行政结构来解决冲突;重视组织的稳定性和合法性的关系,以及"共识"的权力性,关注组织结构的非理性部分(如某个部门和操作程序如何成为组织之间的影响因子),趋同性、文化追求等。新制度主义还强调制度是一个开放系统,接受环境的影响,许多有影响的压力不仅来自效率的考虑,更来自社会制度和文化的压力等。新制度主义进一步认为,在影响组织趋同的因素中,第一个是强制力量,如政府的法律和法规;第二个是模仿力量,尤其是在组织面临不确定性时,组织的首要策略是模仿其他组织应对类似不确定性的方法;第三个是规范力量,如行业规范。

在这里,我们只是简要地介绍了几种主要的组织研究流派。还有其他的如文化学派、后现代主义等,在过去的几十年里,都有较大的发展。

五、信息技术发展与组织演变

网络化和数字化的互联网平台组织的发展是近些年的一个突出现象。曾经,在《财富》市值排行榜上前十位的都是跨国实业公司。跨国公司曾经占全球产出的 1/3,全球外国直接投资的 1/2、全球贸易的 2/3。在航天航空、计算机、汽车、机床、通讯、医药、化工等实业领域,跨国公司占据着绝对优势,是影响人类社会生活的重要因素。现如今,在《财富》市值排行榜的前十位中,我们几乎找不到一家实业公司,取而代之的,几乎是清一色的网络化和数字化互联网平台企业,包括中国的互联网平台企业。

对跨国公司而言,组织的扩张并不是旧有结构上的人员增加。20世纪80年代开始,各种类型的组织尤其是企业组织也在经历一场深刻的变革,福特式的生产模式已经成为历史,代之而起的是弹性生产、小型组织、分散机构,正如瑞奇(Robert Reich)在谈到美国公司时所说,美国的核心公司不再进行大量产品的生产,不再在大量的工厂、实验室进行投资,也不再雇用大量的生产人员和中层管理人员。在大型企业背后的是一系列分散的机构,是这些机构在与世界上同样分散的工作单元打交道。

分散的工作单元必须对来自客户的要求和反馈做出迅速反应。如果仍然采用传统的组织方式,就会失去所有的商机,并在竞争中被淘汰。举一个例子,有人曾于1993年对国际商用机器公司(IBM)的信托公司进行研究,发现那里仍然沿袭传统科层制,申请一项贷款要经过一系列的、由各种独立部门管理的环节,一般需要7天时间。通过亲历贷款的过程,研究者发现,只要各个部门的管理者能够立即处理手头的业务,整个过程只需要90分钟。也就是说,正常贷款过程中的7天时间主要被用来处理文书旅行了。根据这样的事实,研究者指出,这样的组织模式对于快速变换的市场而言,无疑是严重落后的。近两年,对蚂蚁金服贷款过程的研究则显示,一项贷款的工作流程3分钟之内便可以完成,而一项小额贷款从申请到拿到贷款甚至可以在3秒钟之内完成。这就是网络化和数字化带来的效率。

从弹性生产、分散经营模式的扩散中,人们早就发现,传统的资源管理模式无法满足多元快速的市场需求,企业必须重组自己的资源管理策略。加特纳公司(Gartner Group Inc.)的企业资源规划系统(基于计算机网络的企业信息化系统,Enterprise Resource Planning,简称 ERP)在这样的背景下应运而生。这一系统包括制造、供销、财务管理(MRP Ⅱ 系统),物料流通体系的运输管理、仓库管理(供需链上供、产、需各个环节都有运输和仓储的管理问题),在线分析处理(Online Analytical Processing,OLAP)、售后服务及质量反馈、实时市场需求分析,生产保障体系的质量管理、实验室管理、设备维修和备品备件管理,跨国经营的多国家地区、多工厂、多语种、多币制需求、多种生产类型或混合型制造企业管理。这样的信息系统汇集了离散型生产、流水作业生产和流程型生产的特点,支持远程通信(Web/Internet/Intranet/Extranet)、电子商务、电子数据交换(EDI),支持工作流(业务流程)动态模型变化与信息处理程序命令的集成。此外,还支持企业资本运行和投资管理、法规及标准管理等。

基于 ERP 的组织摆脱了传统科层制组织的形式,形成了各种新型组织模式,如组织网络和平台组织。组织网络是保留组织核心部分的协调、控制和资源管理活动,将大部分不具优势或不那么重要的业务活动外包,通过合同或企业联盟方式将次要业务转包,充分利用外部资源,保留具有优势的核心能力。运用组织网络,组织灵巧地放弃低附加值的业务或高成本的资源储备,集中有限资源直接面向顾客,运用核心能力进行快速扩张,利用内外专家快速解决顾客所提出的复杂问题。如今,大型企业几乎都形成了自己的组织网络。

平台组织是通过小型的结构核心,聚集周边性的、有紧密纵横联系的独立经营单位,突破内部的部门界限或边界,自由传播和交流知识,突破科层制组织的权力登记障碍,在结构核心的协调下,形成一种组织网络。平台组织甚至可以形成具有更高自主性的自治工作群体网络,通过具体工作任务来协调网络单元之间的关系。典型的平台组织如淘宝、京东、微信,蚂蚁金服也是。

再如零售商业,过去各种各样的同类型商店不见了,取而代之的是少数的、网络化的连锁店以及进一步发展的各类电商平台。传统的连锁店如美国的沃尔玛(Wal-Mart)、法国的家乐福(Carrefour)都在中国开设了自己的连锁店。中国的电商平台如淘宝则把商品卖到了世界各个角落。

在信息技术基础上的企业重组不仅是业务的重组,更是组织模式的变革。那么,组织变革对人类产生了怎样的影响呢?

以空间为例,组织研究曾经的共识是,组织总是表现为一定的空间形式,存在于某个地方。可是今天,信息技术突破了人们对传统物理空间的认识,网络空间正在成为组织行动的重要空间,它不存在于某个具体的物理空间,而存在于行动者的关系空间。与此同时,网络空间对行动者在场要求的不同也改变了时间在组织中的意义,某笔投资可以 24 小时在不同股票交易市场进行不间断交易。

针对这些变化,人们重新提出了曾经提过的问题,"科层制会消失吗?"曾经,本尼斯(Warren G. Bennis)在《变迁中的组织》中几乎宣判了科层制的死刑,他认为科层制根本不能适应专业人员力量的增长、参与管理的发展和快速的组织变迁,本尼斯和斯拉德(P. E. Slater)甚至预言科层制将在 20 世纪消失。

有意思的是,布劳和他的搭档梅耶(Marshall W. Meyer)在出版《现代社会中的科层制》第 3 版时说,自从该书第 1 版问世以后,针对科层制的批判层出不穷,甚至有人预言科层制会很快消失。但在经历了工业社会的快速发展之后,他们不无自豪地认为,科层制仍然在发展。

我们的问题是,随着网络和数字技术的进一步发展,网络空间的各种组织还会给科层制以生存空间吗?我们虽然看到了平台组织和各种组织网络的发展,不过,对科层制的前途进行确切的判断,依然为时尚早。

纾结解构释地位

到目前为止的一切社会的历史都是阶级斗争的历史,自由民和奴隶、贵族和平民、领主和农奴、行会师傅和帮工,一句话,压迫者和被压迫者,始终处于相互对立的地位,进行不断的、有时隐蔽有时公开的斗争,而每一次斗争的结局都是整个社会受到改造或者斗争的各阶级同归于尽。

——马克思《共产党宣言》

　　马克思(Karl Marx，1818—1883)，德国社会学家、无产阶级革命家，古典社会学的代表人物之一。

设想一下，一群人走进了茂密的森林，植被的浓密让人辨不清方向，经过好一阵子的徒步跋涉之后，突然，阳光照在了头顶上。此时，一定有人急着问："我们这是在哪儿？"于是，人们试图用各种方法来给自己的所在之处定位。不同的人，一定有不同的经验。依据不同经验所作出的判断间不一定能达成共识。于是，争执出现了，而且会继续。这时候，如果有人拿出罗盘或卫星定位仪，便不仅能准确地测量位置，而且能解决存在的纷争。

社会化尽管力图使人们对社会有所了解，却不能使人们充分熟悉自己的环境，也不一定能使人们明了自己的社会位置。因为，没有类似卫星定位仪的设备让人了解自己所处的社会位置，可社会也没有因此而整天处于纷争之中，为什么？

还记得谢里夫实验吗？无论是孩子们自己形成的群体，还是谢里夫分配的小组，每次形成群体时，不管人们愿意不愿意，总会形成某种状态：让每个人都明白自己在群体中的位置，明白自己要做什么、怎么做。社会并不只是时间和空间的组合，也不只是人杂乱无章的数量堆砌。社会中的个人、群体、组织都有自己的行为模式,相互之间的关系模式都符合一定的规律。有了这样的规律,才有了社会的秩序。否则,社会就会出现纷争和冲突,甚至战争。有了这样的规律,也就对个体、群体、组织的行为形成了约束,并由此形成了一种强制力量。社会学家把社会中模式化的行为规律、社会组成部分之间规律性的关系模式,称之为社会结构。

这一讲我们要讨论社会结构。

一、社会结构的要素

人们常会习以为常地看待日常生活中的许多社会现象。可当我们认真思考这些现象并试图作深度的解释时便会发现,看起来"平常"的现象可能并不那么平常。举一个例子,在一个自然村庄,村民相互之间都认识。从孩子出世开始,大人会教孩子如何称呼每一个人,从长辈到小辈,爷爷奶奶、叔叔婶婶、弟弟妹妹……。为什么会有这许多称谓?有没有称谓有什么不一样?为什么不可以把所有男人都叫"男人",把所有"女人"都叫女人?

如果问村里的老人:"为什么这个小孩不叫那位老人'爷爷'?"老人一定会说:"那不乱了辈分!"当老人如此应答时,他们头脑里实际上有一幅全村人的关系图谱。小孩尽管年纪很小,但是辈分却很高，甚至与老人是一个辈分。哪怕在年龄上老人可以做小孩的爷爷，现实的亲属关系决定了小孩仍然要叫老人哥哥，他们可以用同辈人的礼节相互对待。如果老人是小孩的晚辈，在两人见面时，老人还要给小孩行礼。如此行为，在村里人看来再自然不过了。可对村外的人来说，如果不清楚其中的亲属关系，就会像本讲开篇所说的森林中的人们一样，迷失方向。为什么呢？

当老人说"乱了辈分"时，已经明示了社会秩序建立的基本规则：一个社会中，每个人都有一个位置，即俗话说的名分。当齐景公问政于孔子时，孔子给了他八个字："君君、臣臣、父父、子子。"人们对占据不同位置的人的行为是有期待的。社会学中把人们在社会中占据的位置称之为"地位"，把人们对某个位置占据者的行为期待称之为"角色期待"。

社会结构的第一个要素是地位。在社会中，每个人都占据着一个或多个社会地位。让我们回到例子中的村里。孩子可以是老人的兄弟，也是父母的孩子。他与兄弟与父母，有各自的交往规则，不可混用。混用，便会导致社会失序。社会位置决定了人如何与他人相处。走出亲缘关系，人们还有更多的地位。如为人子女者可能是一个公司的董事长，或是某个政府机关的官员，在家庭要行长幼之礼，在公司或机关要遵上下级之仪。在一个人拥有多种地位时，默认的社会规则偏向于将其最高的社会地位放在最前面。如一个人既是副市长、又是副书记，此时，人们往往会称其"副书记"，社会学称之为"首属地位"。

人们究竟是如何获得自己的社会地位的呢？既有研究表明，社会地位的获得有两种途径。出生是人们获得社会地位的第一种方式。每个人都由父母生养，从父母那里获得的、不可改变的身份构成一个人的初始社会地位，如性别、年龄、身份等，社会学称之为"先赋地位"，由父母的社会地位和自己的先天属性形成的地位。一个人出生时，家庭的经济状况、社会地位、户籍属性、地区属性等，与其他人都是有差别的，也对其未来的社会流动产生影响。

获得社会地位的第二种途径是通过自己的努力。先赋地位是无法改变的，但并不意味着一个人只有先赋地位。除了先赋地位以外，人们还可以通过努力来改变自己的社会地位，农村出生的孩子可以通过高考进入城市，也可以通过努力当上市委书记。通过个人努力而获得的社会地位被社会学家称之为"自致地位"。

在现代社会，一个人在社会结构中的位置主要是通过自致方式获得的。以职业为例，处于工作年龄、身体健康的人一般都要寻求一个职业，自由职业也是职业。没有人可以不经过努力便获得职业，即使在古代社会，皇帝指定了某个儿子继位，理论上这位继承人也要学习治国理政之策、饱读诗书、修养身心，才有资格坐上皇帝的龙椅，能力或者德行有亏便有可能被废黜。也就是说，每个人的职业都是自致的后果。

当然，非职业的地位也是自致的。在中国古代社会，许多为官之人在结束官僚生涯以后愿意告老还乡，这些人虽然没有了官职，但社会地位还在。回到家乡以后，乡里的大小事务还会和他们协商、征求他们的意见和建议，这就是"乡绅"。没有职业的乡绅之所以比普通百姓更受重视，是因为他们有地位，人们认为他们应该有更加广博的见识、更加公正。如果事实能够证明这一点，那么乡绅受尊重的地位也就巩固了。同样，为人夫妻或者为人父母者在家庭中的地位也是自致的。在社会上，一个人沦为流氓地痞，某种意义上也是自致的。

简而言之，每个人的先赋地位不同，自致地位却是可以改变的。

社会结构的第二个要素是角色。正如林顿（Ralph Linton）在《人的研究》里指出的，一个人在社会中占有的是地位，扮演的是角色。地位和角色是一个问题的两个方面。

让我们再回到例子中的村里。小孩可以像对待与自己年龄相仿的兄弟那样去对待和自己爷爷年龄相仿的兄弟，是因为社会规定了兄弟之间的互动模式。按照模式进行互动符合人们的期待。占据某种社会地位的人都有社会为之事准备好的"剧本"（对角色的期待），社会期待他们按照剧本演出。这就是为什么每个进入社会的人先要学习具体角色的剧本。要真正进入社会,就要在日常生活中按照社会的期待扮演角色,否则,就会被人骂"二愣"(北方方言)、"搭牢"(江浙和上海方言)、"惶魂"(武汉方言)……意为不着调。

曾经有这样一件事,说某部委一位处长带着一位新来的主任科员到某省出差。晚上,省里招待吃饭。按照"剧本",地方官员要先敬上级领导和来宾,每位敬酒的人都诚恳之至,说"领导随意,我干了!"敬酒的人干杯为敬,被敬的人可以喝完,也可以随意。几轮之后,轮到这位主任科员回敬地方官员了。按照"剧本",尽管你是从上级机关来的,可论级别你只是主任科员,论年龄你是小字辈,所以对所有人都应该用尊敬的方式敬酒。可在敬酒时,不知是口误还是有意,他却说了一句,"领导干了,我随意!"话音刚落,全场哄堂大笑,由此传为笑谈。大家笑,是因为他的台词背离了"剧本"的初衷,违背了社会规则。因此,对"剧本"的熟知和按"剧本"演出不仅是社会的期待,也是个人得以在社会中获得恰当地位的前提。

一般情况下,正如每个人不只占有一个社会地位一样,每个人也不止一种社会角色。有时,一个社会地位可以包含多种社会角色。举例而言,市委副书记既是市委领导干部,也是市委党政机关工作人员的同事、公务人员,也许还有其他的社会兼职如某个委员会的主任之类。社会学把这种与某个地位相联系的角色集合称之为"角色丛"。

当然,社会地位和角色都不是固定不变的。总是有一些地位在消亡,另一些地位在产生。例如,票证管理员随着职业的消失,地位也随之消失了。网络管理员作为一个新的社会职业,也有一个新地位。与之相伴随的是,人们对新地位的角色期待也在新地位产生时产生了。

角色本身也在变化,社会学称之为角色的重新定义。举例而言,若干年前,人们总是希望退休干部能帮助新任干部熟悉自己的角色,把他们多年的工作经验传给后任。但现在,人们却希望退休干部在退休时彻底地离开自己的角色。人们认为,在市场经济中,社会规则变化太快、太剧烈,老干部的经验对新人而言也许不是一种帮助,而是一种障碍。

正因为人在社会中具有多重角色,不可避免地会产生角色之间的对立和冲突,社会学称之为"角色冲突"。以大学老师为例。作为教师,应该对学生严格要求,尽可能地把自己的知识和获得知识的方法传递给学生。可在大学管理中,教师又是学生评估的对象。在课程结束时,学校要求学生对老师的工作进行评价,教师如果对学生要求严格了,有可能获得学生的较低评价。在教师与评估对象之间就产生了"角色冲突"。身兼这两种角色的人要在两者间权衡,不可能同时满足两种角色期待。当一个人同时扮演两个或两个以上角色,如果角色之间发生抵触,便会形成角色冲突。

在现实生活中,的确存在各种角色冲突。不过总体上大多数社会地位的角色之间是和谐的,至少是不冲突的。即使存在冲突,在社会规则层面也有解决的方法。在角色扮演者为满足一种角色期待而违背了另一种或几种角色期待的情况下,社会甚至会用规训与惩罚的手段来纠正角色行为。

在地位和角色的基础上,人的集合体便成了群体和组织。这就是社会结构的第三个要素。我们知道,群体是由两个或两个以上的人组成的、具有认同感和归属感的人群。与群体比较,组织具有明确的目标、技术和结构。群体和组织囊括了人类所有的社会结构形式,从最简单的二人互动,到最复杂的国际互动如世界贸易组织。不同群体和组织之间的重要差异如结构复杂性差异、亲密性差异、交往性差异等构成了社会复杂性的来源。

对群体和组织的探讨还让我们知道,哪怕在最简单的群体中,也有模式化的行为和有规则的互动。每个群体和组织都可以制定自己的行为模式;那么,群体和组织又遵循什么样的行为规则和互动模式呢?这便是社会结构的第四个重要因素:制度。事实上,在一般情况下,约束人类行为的各种规范便是不同层次的制度。需要说明的是,在社会学中,制度更多被用来指称系统化的、具有价值偏向的、用来约束地位和角色以及群体和组织行为的规则。举例来说,考试制度是用来约束学生学习、老师授课、学校组织课堂的规则体系。

由人占据的地位、扮演的角色、加入的群体与组织、建立的制度构成了五彩纷呈的、复杂多样的社会结构。在这些要素基础上，我们便可以刻画社会的各种结构如家庭、教育、宗教、经济制度、社区，甚至世界体系。而在所有这些结构中都存在一个共同的结构，即不平等结构。

二、社会的分层结构

在上一节论述社会地位的相关内容中，我们把"地位"解释为"位置"。不过，地位还有另一层常见含义，即社会位置的高低之别。如果一个人既是副市长，又是副书记，人们总是会称其"副书记"。为什么？特定的社会价值标准认定，副书记的地位要高于副市长。社会结构不仅指人群构成，还指构成人群的地位高低。同样，社会也为不同地位群体之间的互动制定了规则。上一节所举的关于敬酒的例子正说明了这一点。

还可以看一个经典的例子。泰坦尼克号是 20 世纪初世界上最大的客轮，也是行家们认为安全系数极高、不可能沉没的客轮。非常不幸，这艘客轮在首航中沉没了，创造了世界航海史上一个悲剧性的奇迹。好莱坞电影《泰坦尼克号》也由此风靡全球。当电影试图再现当年沉船的悲惨场面时，人们是否注意到，在船上的乘客逃生的过程中,谁是最先离船的?谁是最后离船的?为什么?

根据历史资料,泰坦尼克号的沉没历时 3 个小时。由于救生船不够,在人们逃生时,恪守了"妇女儿童优先"的社会规则,让 69％的妇女和儿童幸免于难,而逃过死亡的男士只有 17％。同时,人们也注意到,客轮的船舱是分等级的。住在头等舱的是有钱人,住在二等舱的是中产阶级职员和商人,住在三等舱和更低舱位的是移民美国的普通人。如果按舱位计算逃生率,头等舱 60％,二等舱 44％,三等舱及以下 26％。头等舱男士的逃生率比三等舱儿童的还要高。人们在逃生过程中,不仅遵守了"妇女儿童优先"的规则,也遵循了"高社会地位的人优先"的规则。

社会地位的高下之别在任何社会都有着重要意义。如果拿市委副书记与他的司机比较,副书记比司机享有更多的社会尊敬,具有更高的声望、更大的权力,也占有更多社会资源。在任何社会,社会地位的高下之别代表了社会资源分配和占有的状况。获得更高社会地位的过程也是占据社会资源分配优势地位的过程和占有更多社会资源的过程。

什么是社会资源?人们又如何获得社会资源?这是社会分层结构研究的核心问题。在社会分层结构研究的历史中,马克思代表了一种传统,马克思把生产资料当做社会资源,把剥削看做是获得更多生产资料的主要方式。马克思还把经济层级结构扩展到政治、文化和社会地位的层级结构,认为统治阶级(占有生产资料的社会集团)掌握了主要社会资源,为了保护自己的利益,也为了控制其他的阶级,便利用组织和法律等社会制度进行统治。

社会分层研究的另一个传统是韦伯。韦伯认为,每一个社会成员并非追求同一个社会目标。社会群体的不同追求形成了不同社会分层体系。资本家追逐财富,按财富多少形成社会地位;知识分子追求声望,按声望高低显现社会地位;政治家追求权力,按权力等级区分社会地位。

在社会的不断发展中,人们尽管在社会成员之间的关系是否一定表现为统治与被统治关系这个问题上仍然争执不休,持赞同意见的冲突论和持反对意见的功能论仍然保留各自的基本立场和观点;但都认同财富、声望、权力或者生产资料与社会地位之间的相互影响。没有与声望和权力无涉的财富,也没有与其他几项无涉的声望或者权力。二战以后,社会学分层研究有两个基本主题:社会资源的分配格局和社会资源的分配机制。对分配格局,社会学家发展了测量方法;对分配机制,在马克思和韦伯两个传统之下,社会学家也发展了不同的解释方案。

对社会分层地位的测量主要有两种方法。第一种,外部评价方法。外部评价法又区分为类别评价法和连续评价法。类别评价法强调不同阶层在社会性质上的本质差异,认为阶层之间是分离甚至对立的,如马克思主义和新马克思主义的阶级理论。英国的人口登记使用职业单一指标,把社会成员划分为专业型、管理型、技术非体力型、技术体力型、半技术型、非体力劳动型以及军人等职业类型。美国的人口登记则根据收入将社会成员分为不同的收入等级,规定在某个收入线之下的为贫困人口。还有学者将教育程度、收入和职业综合起来制作成社会经济地位量表,如戈德索普(J. H. Goldthrope)的三类七等量表(见表 8-1)和怀特(E. O. Wright)的三类三等量表(见表 8-2)。连续评价法淡化了阶层观念,转向以职业类型为分析单元,运用定距数据量化社会地位,如普遍使用的国际社会经济指数量表(ISEI)和标准国际职业声望量表(SIOPS)。ISEI 综合了 16 个国家的 31 套数据,是各职业群体平均收入和受教育水平的加权得分。SI-OPS 则是对 60 个国家的 85 次职业声望调查进行归纳得到的结果。

测量社会分层地位的第二种方法为自我认同方法。自我认同测量受到参照群体及价值判断的影响,与外部评价结果不具有稳定、强烈的相关关系。

表 8-1　戈德索普阶级量表

类型	等级	职业关系
服务	I　较高等级的专业人员,行政官员和职员;大型工业企业的创建人员;大资产所有者。	雇主或服务关系
	II　较低等级的专业人员,行政官员和职员;较高等级的技术人员;小企业和工业的创建人员;非体力型员工的主管。	服务关系
中介	IIIa　行政和商业中非体力型的日常事务职员;服务行业中有等级的职员。	中介
	IIIb　较低等级的非体力型日常事务职员(销售人员和服务人员)。	中介(男),劳动契约(女)
	IVa　小资产所有者和个体手工者。	雇主
	IVb　没有雇人的小资产所有者和个体手工者。	自我雇用
	IVc　农场主和小土地所有者,其他自我雇用的农业人员。	雇主或自雇
	V　较低等级的技术人员,体力员工的主管。	中介
工作	VI　熟练体力员工。	劳动契约
	VIIa　半熟练和非熟练体力员工。	劳动契约
	VIIb　农业工人	劳动契约

资料来源:Crompton, Rosemary. 1998. *Class and Stratification:An Introduction to Current Debates*. Cambridge:Polity Press. p. 67.

表 8-2　怀特的第二阶级说:剥削关系

和生产力之间的关系

		所有者			被雇用者		
雇员人数	多少	资本家	专业经理	熟练经理	非熟练经理	经理	与权威的关系
		小所有者	专业主管	熟练主管	非熟练主管	主管	
		小资产阶级	专家	熟练工人	非熟练工人	非管理	
			专家	熟练	非熟练		

与训练不足的关系

资料来源:Wright, E. O. 1997. *Class Counts*. Cambridge:Cambridge University Press. fig. 1.3.

　　撇开客观和主观两种评价方法各自的局限性不谈,社会资源分配格局的研究也只是刻画了社会的分层结构,没有对既有社会资源分配的机制作出解释。甘斯(H. Gans)指出,社会学家只研究社会的不平等分配格局是不够的,还应该运用政治和政策媒介来影响政策,使政策朝着有利于大多数人的方向发展。戈德索普也说,社会资源分配格局的研究不能解释是什么因素动摇了社会原有的分层格局。而要解释社会分层格局的变动,就必须聚焦个人和社会群体的社会地位、组织,以及权力分配的机制。换句话说,研究社会分层的专家强调社会学家要研究社会分层结构的形成过程。那么,究竟哪些变量构筑了社会的等级体系呢? 又是如何构筑的呢? 这便是社会分层结构研究的第二个主题,社会资源的分配机制。

　　社会学家对社会资源分配机制的探讨没有摆脱社会分层探索的两个传统。在韦伯传统下,研究者强调社会资源获得的契约(合作)性,在资源获得中社会行动者之间的互倚;在马克思主义传统下,研究者主张社会资源的零和性,以及在资源分配中社会行动者之间的强制性,即影响资源获得的是权力(利)的冲突与对抗。尽管如此,不同传统的学者也有一个共识,那就是,分层结构是社会资源分配结果的表现形式。

　　那么,什么样的因素影响到社会分层结构呢? 帕金(F. Parkin)说,在现代西方社会的报酬体系中,分层结构根本就是职业秩序。吉登斯也认为，与前现代社会比较，现代西方的阶级社会主要有四个特点：

> 第一，与其他类型的层级体系不同，阶级制不是由法律和宗教来决定的；阶级成员的资格不是来自世袭。阶级制比较其他类型的层级体系更具有流动性，阶级之间不具备清晰的边界，阶级之间的通婚没有严格的限制。
>
> 第二，个人的阶级归属至少是个人努力的结果，而不是像其他类型的层级体系那样由出身所赋予。与其他类型的层级体系比较，阶级制的社会流动更为普遍。
>
> 第三，阶级的划分主要依据不同群体之间的经济差别，即对物质资源占有和控制的不平等。在其他层级体系中，非经济因素往往更为重要。
>
> 第四，在其他层级体系中，不平等性基本上是由人际关系的义务和责任所表述的，如佃农和地主、奴隶和主人、低级种姓和高级种姓。但在阶级体系中，不平等性是由非人际之间的大规模联系形成的，例如阶级差别的基础主要包括收入的和工作条件的不平等。作为存在于经济整体中经济环境的一个结果，任何职业类别都有这样的不平等。

与非西方社会比较，现代西方社会到底有什么特别之处？

从帕金和吉登斯的表述可以看到,对现代西方社会职业秩序的强调隐含了一些重要的假设,如自由主义的市场制度、法治秩序、民主政治等。在人们讨论西方社会的分层结构时,把一些重要的制度如自由主义的市场制度、法治秩序、民主政治当作了常量,各个学派对社会分层机制的探讨都假定这些制度是不变的。

可当我们考察中国社会的分层结构时,却发现针对西方社会的制度假设是有疑问的,即使只考虑职业秩序机制也有问题。第一,职业秩序机制背后的假定是,社会成员都活跃在自由市场中。但现实是老人、妇女、残疾人都不一定是自由市场中的活跃分子。第二,影响职业的因素很多,技术、资本、人力资源会影响到职业结构,年龄、性别、种族也影响到职业结构。还有,劳动分工也影响到职业结构,甚至可以说职业结构是劳动分工的函数。第三,职业不一定能完全整合财富、声望和权力。在中国,三者与职业之间不存在标准的线性关系。

当理想与现实相冲突时,对历史事实和社会现实的考察也许比逻辑游戏式的理论争论更为重要。在接下来的部分,我们将简要探讨中国社会的分层机制。

三、中国社会分层机制的变迁

在 1925 年发表的《中国社会各阶级的分析》中,毛泽东指出地主阶级和买办阶级代表了中国最落后和最反动的生产关系。作为一名马克思主义者，他坚信一切不平等的制度都起源于生产资料的私人占有。于是，在他执政的时间里，总是试图通过制度建设，避免历史上农民起义故事的重演，希望建立一个社会资源平等分配的社会。

"耕者有其田"是中国历次农民起义的追求。孙中山先生的国民革命继承了这个主张，提出土地租佃关系支持的人身依附关系是封建主义的社会关系，只有"耕者有其田"才能将其扫除。问题是，"耕者有其田"只是社会变革时期的初始制度，而不是一个"可持续性"的制度。如果没有其他制度的支持，"耕者有其田"的初始制度发展到后面则有可能出现这样的情形：

第一，如果只是在制度上维持"耕者有其田"，就必须牺牲一些东西。在实际生活中，人与人之间的能力差别是自然的赋予，制度没有能力使所有人的能力一致进而维持"耕者有其田"式的制度性平等。因此，即使初始化条件一致，藉以时空因素，也必然出现资源利用的差异。在农业社会，如果希望维持初始化制度，就必然损害另一部分有能力者的利益，同时也牺牲社会公平，造成另一种不平等。

第二，如果只是在制度上给每个人以公平机会，那么"耕者有其田"便只是初始化制度。一定时日以后，个人能力的差异会在资源利用中表现出来。最终结果是，"精英"是少数，大多数的

"有田者"又会重新沦为佃户,尤其是在农业社会。这是农民运动不断循环的根源。

1949年以后,中国遇到了第二种情况。农村的贫富分化让毛泽东觉得实施"耕者有其田"的制度并没有推动平等社会的建立。他采用了将"耕者有其田"概念化的方式,采用集体所有制,使"耕者有其田"用另一种制度形式进行表达。通过土地改革,使耕者有其田;接着,通过农业合作化和人民公社制度,来平衡人群内部的能力差异,在概念上建立了一个平等制度。

历史事实表明,若暂不考虑国家战略规划,仅着眼于经济生产与分配实践,计划经济制度在更高层面上造成了资源分配和占有的不平等,特别是当国家为了建立工业体系而不断地对占人口大多数的农村和农业进行挤压时,工业、农业之间的产业不平等、城镇和农村人口之间的机会不公平更加突出。当城镇的知识青年下放农村时,他们的父母认为那是到遥远的地方服苦役而千般万般地不愿意。当第一批知识青年到农村时,农村的孩子则像看到了天堂来客,对知识青年的任何事情都觉得新奇。城乡之间的差别简直是两个社会体系的差别:无论是收入、受教育条件,还是医疗保障条件、衣食住行水平,两者之间根本就不在同一个资源分配和占有的层次上。

集体所有制、计划经济制度和国家控制的不平等资源分配机制让农业经济表现为迟滞性的增长,只有数量增长,没有农民生活水平的提高。农业始终走不出自然经济的围栏，农村人口的生活圈子始终走不出传统自然社区的范围。

即使如此，农村社会内部的不平等也没有消除。工分等级制度和分配等级制度依然将整个农村社会建构为一个陀螺形结构。在制度框架内，广大贫下中农处于社会分层的上端，极少数"四类分子"处于分层结构的下层。换句话说，一个本意是保证社会资源平等分配的制度，并没有实现自己的目标，即使是虚拟的"耕者有其田"，也未能在局部保证社会资源的平等分配。

国家资本主义也没有建立一个平等的城镇社会。与自然经济的农业不同，生产资料能够被分散占有的只是手工作坊式的工业，机器工业以后的生产资料不可能"实物性"地让社会成员平等占有。如果是"货币性"占有，那就与"耕者有其田"一样面临两种选择，要么制度性地支持一个平等制度而放弃社会公平，要么制度性地支持社会公平而放弃初始化的平等制度。在农业经济中，土地作为生产资料是一个常量。初始化的平等，意味着历时性的平等。机器工业的生产资料却是一个变量，并受到各种因素的影响。这样，两种策略都不能保证社会成员在"占有"上的公平性。在这样的环境下，也许由国家占有生产资料的国家资本主义是最能体现平等原则的"占有"制度，却必须满足一个前提条件，那就是充分就业或完备的社会福利制度。如果不能保证这一点，便无法达致社会资源的平等分配和占有，也无法保障社会的公平。

由于人口数量、受教育水平和工业发展水平的差异,1949年以后城镇失业是一个始终存在的社会问题。计划经济制度没能建立一个相对公平的社会分配制度。与工人阶级的理想大相径庭的是,失业、分配等级制度和与之相适应的社会福利等级制度,始终是无法回避的制度瑕疵。计划经济制度不仅没有消除这些瑕疵,反而强化了其中的等级关系。

以工资制度为例。20世纪50年代初期各地曾采用不同的工资分制,以实物为基础,用货币进行表达。如1950年9月制定的一个"统一工资分"包含的实物种类和数量为:粮食0.8市斤,白布0.2市尺,油0.05市斤,盐0.02市斤,煤2.0市斤。各地区的实物不尽相同,价格采用当地国营零售商店的零售价。在物价基本稳定以后,工资分很快被货币工资代替。到1956年实施工资改革时,便基本上形成了一个复杂而又严密的工资制度体系。首先,同一工资等级的工资标准,按不同地区划分为11个类别,以第一类地区的工资标准为基础,根据物价生活指数,每提高一类地区,工资标准增加3%,第十一类地区的工资标准比第一类地区的工资标准高30%。其次,工作单位的工资级别还依单位的行政级别而有差异,如部委所属企业的工资级别一定高于省市所属企业的工资级别。再次,工作单位又被分为不同的性质,譬如国家机关、工厂、学校、部队、医院、商店、环境卫生部门等等，每一种性质的单位都有其工资等级体系。此外，同一单位内，工作岗位又分不同的类别，以工厂为例，包括行政管理岗位、技术管理岗位、专业技术岗位、生产岗位等等。最后，每一个岗位的工资都分等分级，同一个岗位可有 3 个或更多工资级别。如，同一个医院、不同级别的护士，工资可能相差 7 个等级。

在工资等级中，最典型的是工厂针对普通工人的 8 级工资制和行政 25 级工资制。根据周恩来 1957 年 9 月 26 日在中国共产党八届三中全会（扩大）上的讲话，企业的 8 级工资制是从苏联学来的，它根据生产劳动的复杂程度和劳动者的技术熟练程度，将工资分为 8 个等级，等级之间有等级系数和等级标准。行政 25 级工资制亦如此，从国家主席到人民公社革命委员会主任都被列在这个工资体系中。以一个工厂的工人为例，其个人收入涉及的制度性因素包括：企业的所有制类型、企业的行政级别、企业所在的地区、个人所从事的工种、个人所在的岗位、个人技术熟练程度、个人从业的年限等；其中，每一个因素又被分为几个等级。

与工资标准和工资等级相对应的还有各种补贴、福利和社会流动机会。不同工资等级的人获得不同的职务工资、奖励工资、名目繁多的补贴，以及分等级的住房、物资供应、医疗待遇、在职消费补贴等。以医疗待遇为例，一些药品只有处于工资等级高端的人员才有资格享用，一个扫地的工人无论如何是没有资格"享受"的。同样,一个人的工资等级与其社会流动机会呈正相关。工资等级越高,流动越容易。

国家企业制度不仅在城镇社会内部建立了一系列的不平等体系,也在社会整体中培育了有差别的工人阶级。与农民比较,居住在城镇的人不仅占有各种生活资源,过着与农村居民不同的、有保障的日常生活;更重要的是,在制度保障下,作为一个整体的城镇人口从农民那里获得了利益,却反过来在人格上瞧不起农民、鄙视农民,把农村视为落后、蛮荒之地。

当"耕者有其田"概念化时,当国家企业虚拟化时,也许因为缺乏另一种制度机制,中国依然在努力建立一个使概念可操作化、使虚拟实体化的制度,实现理想中的社会平等。概念化和虚拟化的资源如果没有有力的制度约束,极有可能落入少数人之手而成为一种不受约束的垄断性力量,使为了消灭不平等而建立的制度,最终却深化了不平等,一个国家的经济制度影响了原有的社会分层结构,建立了另一种完全不同的结构,甚至完全不同的社会地位评价体系、完全不同的社会群体建构机制。因此,制度在中国的社会分层结构中,绝不是常量。

四、我这是在哪儿?

制度对社会分层结构的影响并没有结束。1978 年以后,中国开始改变过去的制度,在农村实施联产承包责任制,在城镇允许多种经济成分发展,并提出"让一部分人先富起来"。

在农村实施联产承包责任制以后,除了农业生产的快速发展以外,对社会分层结构具有直接影响的是农业劳动力的大量剩余。1978 年农业(农林牧副渔)容纳的劳动人口为 28455.6 万人,占当年农村劳动力总数的 96.7%;1990 年则为 33336.4 万人,1991 年达到高峰,34186.3 万人,1997 年降为 32334.5 万人。以 1990 年为例,农业容纳的劳动人口比 1978 年增加了 4880.8 万人。农作物播种总面积 1978 年为 150104 千公顷,1990 年为 148362 千公顷,比 1978 年减少了 1742 千公顷;1978—1990 年,乡村劳动人口总数从 29426 万人增加到 42009.5 万人,净增了 12583.5 万人(1997 年,乡村劳动人口总数更达到 45962.1 万人)。这表明,第一,农业内的劳均播种面积从 1978 年的 7.9 亩减少到 1990 年的 6.7 亩。意味着,要么农业劳动力生产率下降,要么农业的冗员增加。第二,在保持农业劳动人口增长格局不变的情况下,乡村社会平均每年有一千多万劳动力剩余。换言之,农村社会的失业比 1960 年代初期的城市还严重。解决就业问题成了实施土地承包以后农村面临的最大社会和经济问题。

自农村实施经济制度改革始,剩余劳动人口寻求出路就成了农村经济最严峻的命题。40 多年来,农村劳动力大致在沿着三个方向消化。首先是农业内部。1978—1997 年的 20 年间农业内部新容纳的劳动力多达 3979.3 万人,占同期新增农村劳动力总数的 24％。消化这些劳动力不在于新增了多少农作物播种面积,事实上,农作物播种总面积并没有实质性的增加;而在于农业内部的结构调整,如粮食作物播种面积减少,油料作物播种面积增加,还有养殖业、林果业和渔业等高附加值农业的发展和设施农业等农业新技术的应用。初期,这决不意味着农业生产效率的实质性提高,更不意味着农业的产业化,因为多数农业领域所依靠的仍然是人力资源,农业仍然是许多农民谋生的基本手段,农产品的商品化还有相当长的路要走,更不要说依靠农业来获取利润。

农村剩余劳动力的第二个出路是农村工业。统计数字表明,1980 年全国乡村两级企业 142.5 万个,职工 2999.7 万人;1985 年增至 156.9 万个,职工 4152.1 万人;1990 年,因中央政策调整,企业个数有所减少,为 145.5 万个,但职工却增至 4592.4 万人。1997 年乡镇企业总数增至 2014.9 万家,从业人员 13050.4 万人。从 1978 年到 1997 年的 20 年间,农村新增劳动力的总数为 16536.1 万人,这就是说,乡村新增劳动力的 79％进入了农村工业领域。遗憾的是,乡镇企业改制后,农村工业不再是吸收农业剩余劳动力的力量,反而变成了农村剩余劳动力的来源。

农村剩余劳动力的第三个出路是离开农村四处流动和到城

镇就业。90 年代初期有人说,中国平均每 28 个人中就有一个在流动,流动人口总数达 5000 万。1995 年农村流动人口数量大约 6600 万,1997 年大约 8000 万,1998 年这个数字达到了 1 亿。在国家统计局的农村劳动力统计中,"其他"栏的人数在不断增加:1980 年为 143.1 万人(包括外出临时工),1985 年为 1945.8 万人,1990 年为 2593.1 万人,1995 年为 4379.7 万人,1997 年为 4415.7 万人,主要是流动人口。除了外出流动以外,还有一部分农村剩余劳动力干脆到城镇正式就业。从 20 世纪 80 年代初期开始,在一些剩余农业劳动力进入乡镇企业的同时,另一些剩余劳动力则离开土地到城镇"打工",即城里人说的"农民工"。1984 年,政府进一步放宽对农村居民流动的限制,容许农民进入城镇务工经商。此后,农民进入城镇的人数急剧增加,他们到城镇除了"打工"以外,还搞建筑,自己办厂、开店,搞长途运输等。从 1980 年至 1990 年的 10 年里,城镇就业人口总数为 8389.7 万人,其中来自农村的劳动力就达 1358 万人,即每 6 个城镇就有一个就业机会给了来自农村的劳动力。从 1990 年到 1997 年,城镇新就业人数 5841 万人,其中来自农村的就有 2295.6 万人,占城镇新就业人数总数的 39%,如果将每年大中专毕业生中的大约 50% 的农村生源考虑进去的话,那么,这个比例就更高了。在后来的统计口径中,不再按城乡统计劳动力人口。不过,2018 年按城乡统计的就业人口也提供了非常明确的信号。统计数据显示,乡村就业人口 34167 万,第一产业就业人口近 20258 万,还有,城镇就业人口 43419 万,而乡村总人口依然还有 56401 万。比较这些数据说明,有近 30000 万农村人口可能并不在农村就业和生活。

1980 年代初,在城镇,面对数量巨大的知识青年返城人口,就业压力让政府不得不放开就业渠道,广开就业门路,打破劳动力由国家包下来安排工作的老框框,实行在政府统筹规划和指导下劳动就业部门介绍就业、自愿组织起来就业和自谋职业相结合的办法。同时提出,解决今后劳动就业问题主要靠:大办兴办扶持各种类型的自筹资金、自负盈亏的合作社和合作小组,支持待业青年办独立核算的合作社;城镇郊区发展以知识青年为主的集体所有制场(厂)、队或农工商联合企业;鼓励和扶持个体经济适当发展;建立劳动服务公司承担介绍就业、输送临时工、组织生产服务、进行职业教育等任务。

这就意味着,在社会主义改造完成二十多年后,在制度层面,个体经济在城镇社会再一次获得了合法性。集体经济也被当作城镇经济发展的重要部分。以此为契机,在中共中央和国务院一系列有关城镇集体经济和个体经济政策的支持下,中国社会的分层结构开始进行重组。

当时,中国人对工作的理解还很狭隘,"工作"就指全民所有制企事业单位的工作。在 20 世纪 80 年代初期,对城镇劳动人口而言,工作意味着"一切"。因为,一切生活物品的获得都和工作有关。在全民所有制企事业单位工作便意味着有了现金收入、住房、医疗保障、子女受教育机会,以及从生到死的各种福利。

可是,全民所有制机构并没有能力容纳10年积累起来的外加上每年新增的近千万劳动人口。没有"工作"的人也要生活。农村是不愿意去了,如何生活呢? 好在获得现金收入的"口子"放开了,不要"单位",自己"干"、联合几个人"干",做商业、做实业,都可以挣钱来解决日常生活的吃饭穿衣问题。在实际生活中,全民所有制的"工作"还没有把所有生活环节都包括进去,还不是彻底的供给制度。用货币交换物品的方式仍然存在。

在制度容许个体经济和集体经济存在且城镇剩余劳动力面临的生活压力没有办法在既有体制内获得解决的情况下,新的个体经济和集体经济自然获得了发展。

就个体经济而言,在城镇新就业人口中,1984—1985年,个体劳动者人数有一个激增,其后又出现反复,直到1994年再次大幅度增加;1994年以后,每年新增的个体从业人员多达200—300万人。

集体经济的发展状况在20世纪80年代与个体经济类似。80年代早期有较大幅度的增长,80年代中期以后停滞。进入90年代以后,则与个体经济的发展方向相反。个体经济发展迅速,集体经济则走向萎缩,特别是1992年以后,新增就业人口中集体所有制就业人数急剧减少，从业总人数逐步下降。

1988年4月12日，第七届全国人民代表大会第一次会议通过《中华人民共和国宪法修正案》，在《宪法》的第十一条增加规定："国家允许私营经济在法律规定的范围内存在和发展，私营经济是社会主义公有制经济的补充。国家保护私营经济的合法权利和权益，对私营经济实行引导、监督和管理。"同年6月25日，国务院第4号令发布，即《中华人民共和国私营企业暂行条例》。《条例》规定，私营企业指企业资产属于私人所有，雇工8人以上的营利性经济组织。从此，私营经济也获得了合法地位。从国家统计局的数据可以看到，1990年私营经济被列入国家统计范围，8年之内，从业人员从57万猛增到750万。到2018年城镇个体企业就业人口达到10440万人，乡村个体企业就业人口也达到了5597万人，在总就业人口中的占比达到了20%。

与个体经济、集体经济、私营经济从业人数消长相伴随的是城镇各项经济制度改革，特别是国有企业改革、劳动就业制度改革、收入分配制度改革和社会福利制度改革。1978年10月四川省首先将重庆钢铁公司等6家国有企业作为试点进行扩大企业自主权的改革。1979年7月国务院发布《关于扩大国营工业企业经营管理自主权的若干规定》等5个经济体制改革的文件，国家经委、财政部等6个部门在总结四川省国有企业改革经验的基础上，在京、津、沪选择了首都钢铁公司等8家国有大中型企业作为试点进行改革。大约在同一时期,国有企业比较集中的省市都先后进行了扩大企业自主权改革。到 1980 年,进行扩权改革的国有企业多达 6000 家,占预算内工业企业总数的 16%、产值的 60%、利润的 70%。扩权改革的基本内容是:第一,利润留成。第二,有经营自主权。第三,可以按国家劳动计划指标择优录用职工,自己决定机构设置,任免中层和中层以下干部。这就是说,资本、生产和人事三个方面,企业都获得了弹性较大的权利。扩权改革的结果,除了 1979—1980 年两个财政年度的巨额财政赤字以外,就是职工收入的大幅度增长。

1980 年国有企业职工的年货币收入比 1979 年增加了 14%(1980 年以后,几乎每年的增长幅度都在 10% 以上)。同时,1980 年城镇企业集体企业职工的年货币收入增长幅度虽然比国企职工高出了 1 个百分点,年收入额的差距却从 1978 年的 138 元扩大到 1980 年的 180 元(这个差距在以后的时间里不断扩大,到 1997 年扩大为 2235 元)。20 世纪 70 年代末期和 80 年代初期,进入国企仍然是城镇就业人口的首选。直到 21 世纪的当下,国有企业的职位对众多高等学校的毕业生而言,依然具有很强的吸引力。

为落实财政上缴任务,1981 年初山东省将利润留成改为利润包干,并将这样的改革称为"工业经济责任制"。为了保证中央政府的财政收入,1981 年下半年中央政府下达了《关于实行工业生产经济责任制若干问题的暂行规定》，实际上是将山东的经验推广到全国。到 1982 年底，实行各种形式的经济责任制的企业占企业总数的 80％。如果说国企改革的第一步是使企业利益合法化的话，那么，经济责任制则承认了企业作为利益主体的地位。二者直接冲击了原有的计划、物资、价格、税收、劳动人事制度，进而冲击了原有的城镇社会结构分层机制。

随着企业自主权的扩大，企业的经济利益开始出现不平衡的发展。由于利润包干的基数大多根据企业的经营绩效来定，企业为了自己的利益就不得不尽量低报经营成绩，这样，在企业之间就出现了各种不均衡的现象。利多的企业不得不多交，利少的企业则可以少交，即所谓的"鞭打快牛"。为此，1983 年 6 月和 1984 年 10 月开始分两步在企业实施利改税，目的是通过灵活性的税种和税率调整取代刚性较强的"利润包干"。并希望借此来规范国家和企业之间的分配关系。为了配合上述改革，国家也开始改革企业的招工制度，1983 年 2 月，劳动人事部颁发了《关于招工考核择优录用的暂行规定》，强调招工中的选择性录用。

在市场并不健全、国有经济仍然占据经济和政治主导地位的条件下，让企业经济利益合法化的后果之一是：一方面，加速了国有企业内部不同行业、不同级别（层次）企业之间的分化，甚至加剧了新老企业之间在经营绩效方面的分化；另一方面，强化了国有企业作为整体在国民经济中的地位,特别是对国有企业招工的限制,使国企工作岗位本身成为稀缺资源。

1984 年,中共十二届三中全会通过了《中共中央关于经济体制改革的决定》,正式提出了关于国有企业所有权和经营权分离的问题。要使企业真正成为具有一定权利和义务的法人。1986 年 7 月,国务院发布了改革劳动制度的四个规定,其中之一就是《国营企业招用工人暂行规定》,在重复 1983 年"择优录用"原则基础上,强调劳动合同制和废止"子女顶替"。根据规定,劳动合同职工与固定职工享受相同或稍低的工资、福利、医疗保障等待遇,但却可以被除名、开除和辞退。

两权分离动摇了国企职工在分层结构中的"上层地位",使他们降格为一个必须接受岗位责任和效益约束,且其权利主张无法超越企业的"劳动者"。劳动合同制则使国企工人的终身雇用制度解体。废止"子女顶替"又取消了国企工人的职业世袭制度。从此,国企职工的地位光环逐步褪色。1988 年,国家在"经济过热"的浪潮中出台了《中华人民共和国全民所有制工业企业法》,对企业的独立法人地位用法律的形式进行了表达。紧接着,进入了治理整顿的经济政策紧缩期,从 80 年代中期开始的劳动、工资和企业改革没有更进一步的发展。从相关数据可以进一步看出,国有企业的职工总人数、年平均工资、合同制工人的比例增长平稳,但新就业人数却缓慢下降。

1992 年以后,在经济改革步伐加快的潮流中,国有企业的改革经历了从转换经营机制到建立现代企业制度的发展。1992 年 2 月,劳动部发出了《关于扩大试行全员劳动合同制的通知》;6 月 30 日,国务院通过了《全民所有制工业企业转换经营机制条例》,强调国有企业要实行劳动合同制;1993 年 2 月,劳动部又发出通知,对与劳动合同制有关的劳动、工资、福利保障、医疗保障等问题作出了详细规定。此后,国有企业中劳动合同制职工的比例急剧增加,到 1997 年已经超过了 50%。

几乎就在同时,由于冗员对效率的直接影响,国有企业内部也开始实行劳动制度改革。1990 年 2 月,劳动部发出了《关于继续做好优化劳动组合试点工作的意见》,突出强调优化劳动组合是深化企业改革的重要措施,有利于调动职工积极性和增强企业活力。在此之前,对于效率不好的企业,国家已经要求"关、停、并、转"。与之相配套,1991 年 4 月,经国务院批准,劳动部颁发了《关于做好关停并转全民所有制企业职工安置工作的通知》,对这些企业的职工主要采取行业内部调剂的办法,安排其就业,使原本就有冗员的企业问题更加突出。1993 年 4 月,国务院专门发布了《国有企业富余职工安置规定》,强调四点:实行开发性转移,富余职工自谋职业,失业后再就业,提前退休退养。这样,早在 50 年代就开始的对非全民所有制企业失业人员的"安置"工作,最后"扩大"到了国有企业职工身上。到 1994 年年底,国有企业从原岗位上分离出来富余人员大约 1200 万人,占国有企业职工总数的 12%,到 2000 年年底,国有企业职工只剩下 8100 万,也就是说,5 年中,国有企业的职工减少了 3160 万人。

当国有职工不得不下岗,且只能领取少量生活补贴时,如果要继续生活下去,他们不得不和其他失业人员一样,面对劳动力市场的激烈竞争,原来由制度塑造的等级(分配等级和社会福利等级)还仅剩下住房福利和医疗保障两个堡垒。从 20 世纪 90 年代中期开始的住房制度改革和 90 年代末期开始的医疗制度改革,其目的正是要将这两个计划经济的堡垒推向市场。

20 世纪 80 年代末期以后,在"其他"所有制企业就业的职工年均工资已经高于国有企业职工。据调查,1994 年收入最高的行业是金融、保险、房地产和社会服务业,这些都不是原国有企业的主体。到 90 年代末期,除了垄断性行业以外,大多数国有企业职工的收入优势已不明显。

简而言之,到 20 世纪末年,由计划经济制度建立的社会分层结构基本解体,代之而起的是市场经济制度对分层结构的重塑。在这个过程中,中国社会的每个人也许都不得不思考自己在社会分层结构中的位置,不得不问:"我这是在哪儿?"

1999 年开始,陆学艺教授的研究小组把社会资源分解为三类:组织资源、经济资源和文化(技术)资源。组织资源指依据国家政权组织和党组织系统而拥有的支配社会资源(包括人和物)的能力;经济资源指对生产资料的占有、使用和经营状况;文化(技术)资源指占有社会认可的知识和技能(通过证书或资格认定)的状况。研究小组认为,三种资源的占有状况决定了人们在社会分层结构中的位置和个体的社会经济地位,并以此为据将中国社会划分为了5个等级和10个阶层。5个等级指社会上层(高层领导干部、大企业经理人员、高级专业人员及大私营企业主)、中上层(中低层领导干部、大企业中层管理人员、中小企业经理人员、中级专业技术人员及中等企业主)、中中层(初级专业技术人员、小企业主、办事人员、个体工商户)、中下层(个体劳动者、一般商业服务业人员、工人、农民)、底层(生活处于贫困状态、缺乏就业保障的工人、农民和无业、失业、半失业者)。10个层次包括:国家与社会管理者阶层、经理人员阶层、私营企业主阶层、专业技术人员阶层、办事人员阶层、个体工商户阶层、商业服务业员工阶层、产业工人阶层、农业劳动者阶层和城乡无业失业半失业者阶层。

进入21世纪,中国已经成长为世界第二大经济体,社会的变化更是日新月异。互联网等新技术在中国制造了大批的富裕人口,有人估计中产阶级的数量已经约占劳动总人口的40%。统计数据表明,1978年中国农村居民家庭人均收入为133.6元,2000年增长到2253.4元,2018年已增长到14617.0元。1978年城镇居民家庭人均可支配收入 343.4 元,2000 年增长到 6280.0 元,2018 年则增长到 39250.8 元。城乡各自的发展速度惊人,城乡之间的差距也依然存在。

在这样一个经济和社会巨变的丛林中,你知道你在哪儿吗?

总体来说,20 世纪中期以来,中国的社会结构由两个制度形塑。1978 年之前由计划经济体制形塑,1978 年以后的变动则是由制度变革引领,混合了市场机制的作用。大量的研究探讨了制度变迁提供的机会、市场发育和经济发展提供的机会,以及在两个机会中个体努力形成的社会流动和社会分层。而对这一复杂的、变化的格局,社会学家提供了不同的分析思路,如基于马克思主义的结构分析,基于制度变迁的机会分析,基于技术和产业变革的机会分析,以及基于个体努力的劳动力市场分析。每一种分析思路都有其特定的应用场景,提供了自己独特的解释。

大概,这也是社会学的魅力所在吧。

结束语　社会学作为职业或使命

　　每一个进入社会学领域的人都会试图回答这样几个问题：为什么选择社会学？作为一种使命？作为一种乐趣？还是作为一种职业？如果我们从社会事实出发来回答这些问题，可以把从事社会学相关工作的人分为三大类。

　　第一类是具社会使命感者，早期的社会学研究者们大多属于这个类别。面对工业革命和急剧变革带来的社会混乱，孔德在穷困潦倒、精神迷茫甚至有些不正常的情况下，在他的实证哲学体系中提出了"社会学"概念，并希望社会学能成为治世学科，社会学研究提出的药方能让混乱的社会获得秩序。在他之后的涂尔干则希望社会学能够找出连接社会的纽带，从对社会事实的解释中获得治世策略。

　　第一个把社会学介绍到中国来的严复先生也是一位深具社会使命感的学者。在社会学进入中国高等教育的20世纪20—30年代，站在社会学讲台上的教师们也是如此。杨开道在回顾他选择社会学这门学科的心路历程时说：我"不知不觉地感到农业界有一个重要缺点，一天到晚拼命地干着，毕业了充当一位助教；就是跑到国外一趟，挂上一块金字招牌，也不过一位教授"，而农民"还是在那里吃苦，在那里发愁，和国内的农学士、国外的农博士没有一点缘分"。杨先生由于"不愿意再做和农民不相干的助教、专家、教授，而愿意做农民的朋友，做农民和专家之间的介绍人，使专家能够服务农民、农民能够利用专家"而选择了社会学。

中国社会学学者的社会使命感也许如费孝通所言，来源于"天下兴亡、匹夫有责"的儒家教诲。

第二类是社会的有闲阶级，他们并不把社会学当作治世良方，而是作为摇椅上的消遣，犹如中国人玩的麻将一般。斯宾塞从他叔父那里获得了一笔遗产之后便把社会学当作进入上流社会社交场所的手段，把建构综合哲学当作智力游戏。帕森斯其实也属于社会学界有闲阶级的一员。在中国，倒是还没有过自称把社会学当作智力游戏的社会学家。

第三类是把社会学作为职业的社会学学者。在社会学学科化之后，社会学界的大多数人都属于这一类。把社会学当作职业有两层含义。第一是把社会学当作专门学问，本着求真的精神不断地积累社会学知识，研究社会现象，帮助更多人理解社会，让人们获得一种社会共识，促进社会的整合与和谐，促进社会的凝聚。现代社会的生活使人们很难像孔德时代的人们那样放弃现实利益而一心追逐理想，在现代社会，人们首先要生存。

因此，社会学作为职业的第二层含义是，从事社会学工作，与从事其他科学活动一样，无论做什么，首先是一种用知识换取生存资源的谋生手段。

具社会使命感者常把自己同其他社会群体区分开来，把自己列入济世者之列。他们有舍我其谁的受难精神，希望获得一种特有的社会位置。同时，他们又生活在世俗世界，是普通社会群体的一员。个体和小群体的作为总是受社会条件的制约，许多有社会使命感的人知道，或许直到离世，自己的理想也未必能够实现。

把研究社会学当做智力游戏的人必须具备两个条件：稳定而充足的经济来源和玩游戏的智力。遗憾的是，中国的社会学者，从社会学被介绍到中国来以来，几乎没有人同时具备上述两个条件。

我们相信，大多数从事社会学的人不可能只出于纯粹的社会使命感，绝大多数的人也不可能仅把社会学当作智力游戏，有闲有钱同时又钟情于社会学的人凤毛麟角。大多数从事社会学研究的人都生活在世俗世界，谋生是第一需求。

可如果仅仅把社会学当作纯粹的谋生手段也不明智。人类的谋生手段多种多样，从种地到从事高回报的投资，从事社会学研究既不能获得高回报，而且还要求大量的时间和精力投入。在这种情形下，以社会学为志业的人一定要有一种不计苦乐的态度,就像孔子说颜回那样,"一箪食,一瓢饮,在陋巷,人不堪其忧,回也不改其乐"。

既食人间烟火,又有颜回之志,还需要知道社会学可以干什么。帕森斯曾在1959年的《美国社会学评论》上发表专文《作为职业的社会学》来解释社会学的功用。按他的说法,当时的美国,社会学应用最广泛的领域是工业组织和政府部门,"特别是军事机构、舆论和民意研究机构、卫生健康等各种社会性机构",与需要资质考试的应用型专业如法律服务、心理咨询等不同,社会学的就业除了学术组织外,还有各种非学术组织。

当下,社会学的职业去向有什么变化呢?普林斯顿大学对社会学系本科学生毕业后的去向进行了一项调查,发现,如果以就业机构的经济性质来划分,这些本科毕业生54%在营利性机构工作、30%在非营利性机构工作;如果以行业来划分,18%在教育界、18%在媒介、16%在金融保险业、13%在法律界。此外,68%的人毕业以后获得了更高的学位。近些年,社会学毕业生主要在大企业的公关部门、政府的规划部门、调查机构、实验机构就业。当然,对本科生而言,选择读研究生的人占相当大比例。对北京大学社会学系本科毕业生去向的调查表明,继续深造的占1/3,出国深造的占1/6。在直接进入职场的学生中,在政府机关就业的占四成,去事业机构的占一成多,其他的去了企业。可以看出,社会学的就业前景还是比较广泛的,并且即使没有颜回之志,学一点社会学也能让我们更多地了解社会、活得更加明白。

我们有理由相信,在中国,作为职业的社会学原本应该立足于中国的琐碎现实,让在琐碎现实中获得的认识经历实践的检验。只有这样点点滴滴的琐碎积累才会有扎根于中国社会土壤的社会学。作为社会学的从业者,只有不惮烦,不冒进,静心投入,才能收获职业的成就感。

推荐阅读书目

C. 赖特·米尔斯,2005,《社会学的想象力》,李康译。北京:北京师范大学出版社。

W. 理查德·斯科特、杰拉尔德·F. 戴维斯,2011,《组织理论——理性、自然与开放系统的视角》,高俊山译。北京:中国人民大学出版社。

埃米尔·迪尔凯姆,1996,《自杀论》,冯韵文译。北京:商务印书馆。

艾尔·巴比,2020,《社会研究方法》(第 14 版),邱泽奇译。北京:清华大学出版社。

爱德华·亚历山大·韦斯特马克,2015,《人类婚姻史》(共三卷),李彬等译。北京:商务印书馆。

安·比尔基埃、克里斯蒂亚娜·克拉比什·朱伯尔、玛尔蒂娜·雪伽兰、弗朗索瓦兹·佐纳邦德,1998,《家庭史》(共三卷),袁树仁等译。北京:生活·读书·新知三联书店。

彼得·M. 布劳、W. 理查德·斯科特,2006,《正规组织》,夏明忠译。北京:东方出版社。

彼德·布劳,1987,《社会生活中的交换与权力》,张非、张黎勤译。

北京:华夏出版社。

查尔斯·霍顿·库利,2000,《社会过程》,洪小良译。北京:华夏出版社。

戴维·格伦斯基,2005,《社会分层》(第2版),邱泽奇等译。北京:华夏出版社。

费孝通,1998,《乡土中国》。北京:北京大学出版社。

费孝通,1999,《费孝通文集》。北京:群言出版社。

赫伯特·斯宾塞,1981,《群学肆言》,严复译。北京:商务印书馆。

卡尔·马克思、弗里德里希·恩格斯,2010,《共产党宣言》,张帆导读。上海:上海外语教育出版社。

拉尔夫·达伦多夫,2016,《现代社会冲突》,林荣远译。北京:中国人民大学出版社。

兰德尔·柯林斯,2018,《文凭社会:教育与分层的历史社会学》,刘冉译。北京:北京大学出版社。

李路路,2019,《社会分层与社会流动》。北京:中国人民大学出版社。

陆学艺,2002,《当代中国社会阶层研究报告》。北京:社会科学文献出版社。

罗伯特·默顿,2015,《社会理论和社会结构》(第2版),唐少杰等译。南京:译林出版社。

马克·格兰诺维特,2008,《找工作:关系人与职业生涯的研究》,张文宏译。上海:上海人民出版社。

马克·格兰诺维特,2019,《社会与经济:信任、权力与制度》,王水雄、罗家德译。北京:中信出版社。

马克斯·韦伯,2007,《韦伯作品集 XII:新教伦理与资本主义精神》,康乐、简惠美译。桂林:广西师范大学出版社。

欧文·戈夫曼,1989,《日常生活中的自我呈现》,黄爱、冯钢译。杭州:浙江人民出版社。

皮埃尔·布尔迪厄,2004,《国家精英》,杨亚平译。北京:商务印书馆。

乔治·赫伯特·米德,1999,《心灵、自我与社会》,霍林桓译。北京:华夏出版社。

让·皮亚杰,1981,《发生认识论原理》,王宪钿等译。北京:商务印书馆。

托克维尔,1992,《旧制度与大革命》,冯棠译。北京:商务印书馆。

威廉·富特·怀特,1994,《街角社会》,黄育馥译。北京:商务印书馆。

乌尔里希·贝克,2004,《风险社会》,何博闻译。南京:译林出版社。

西奥多·M.米尔斯,1988,《小群体社会学》,温凤龙、韩占先译。昆明:云南人民出版社。

西格蒙德·弗洛伊德,1984,《精神分析引论》,高觉敷译。北京:商务印书馆。

后　　记

　　不知是巧合,还是别的什么原因,本书的两次出版(2002、2020)都与中国社会遭遇的灾难事件不期而遇。出第1版后不久遇到中国爆发非典型肺炎,第2版出版时又遭遇中国爆发新冠肺炎。

　　2002—2020年,这段时期是中国经济发展的相变期。2002年中国的GDP为12.17万亿人民币,约合1.47万亿美元,占世界GDP总量的4.24%,排名世界第6位,人均GDP为1148美元。而与中国人口相当的印度,当年的GDP约合0.51万亿美元,占世界GDP总量的1.49%,人均GDP为470美元。2018年中国的GDP为90.03万亿人民币,约合13.61万亿美元,占世界GDP总量的15.84%,排名世界第2位,人均GDP为9770美元。印度2018年的GDP约合2.72万亿美元,占世界GDP总量的3.16%,人均GDP为2009美元。两相比较,中国的GDP总量增长了7.39倍,占世界GDP的份额增长了10.63倍,人均GDP增长了8.51倍;同一个时期,印度的GDP总量增长了5.33倍,占世界GDP的份额增长了2.12倍,人均GDP增长了4.27倍。仅以人均

GDP 计算,2002 年中国是印度的 2.44 倍,到 2018 年增长到 4.86 倍。这还没有考虑中国经济从高速增长到中速增长的影响。

经济数据映射的是经济格局的变化。2002 年中国的市场经济还在初步完善中,工业发展处在上升期,中国制造对世界的影响尚未显现;以新技术创新和应用为代表的中国新经济还处在孕育和萌发的初期,如新浪和搜狐等门户网站还没有摸清楚商业模式。如今,中国制造已经成为世界经济不可或缺的一环,也走出了中国;中国新经济的部分领域已成为世界经济的领头羊。阿里巴巴、腾讯已是世界市值排名前十位的企业,支付宝、微信支付等已站在数字支付的世界前沿。中国经济早已形成了一、二、三产业协同、创新制造销售齐头并进,且与世界经济高度耦合的完整经济体系。这便是我称之为相变的依据。

与经济相变相伴随的则是社会结构的相变。表现之一是职业结构的相变。2002 年中国就业总人口 73740 万人,其中第一产业就业人口 36870 万人,占比约 50%,一、二、三产业的比例为 50:21:29;城镇就业人口 25639 万人,占比 34.8%。2018 年中国就业总人口 77586 万人,其中第一产业就业人口 20258 万人,占比 26.1%,一、二、三产业的比例为 26:28:46,且不再统计城乡就业人口。两相比较,第一产业就业人口下降了 24%,意味着原来以农业为生计的人口约 30% 进入了非农领域,也意味着中国社会职业结构的相变。2018 年的数据之所以没区分城乡就业人口是因为如今的就业格局已经很难区分城乡。对社会流动而言，意味着 40000 万人口获得了向上流动的机会，也意味着城乡之间的职业分野正在迈向融合。

表现之二是社会生活的相变。2002 年中国城镇人口 50212 万人，乡村人口 78241 万人，城镇人口占总人口的比重为 39.1％。2018 年中国城镇人口 83137 万人，乡村人口 56401 万人，城镇人口占总人口的比重为 59.6％。两相比较，城镇人口的占比上升了 20.5％，远远高于第一产业就业人口下降的比例。即使考虑城镇人口的自然增长因素，也意味着大量农村人口向城镇的移民，意味着中国社会生活的相变。对社会流动而言，意味着 33000 万人改变了生活场景，实现了向上的社会流动。如果说在遭遇非典型肺炎时中国还是一个农村社会的话，那么，当下，与新冠肺炎搏斗的中国已然是一个城市社会。城市生活已经成为中国社会生活的主基调。

支持职业结构和社会生活相变的是社会生活环境的相变。2002 年中国还没有一公里高铁，高速公路通车里程约 2.5 万公里。中国家庭固定电话普及率约为 20％，个人移动电话普及率约为 3％；当时还没有淘宝，更没有支付宝，知道腾讯 QQ 的人也不多。2019 年中国高速铁路已达 3.5 万公里，高速公路通车里程约 15 万公里。中国的宽带网络普及率几近 100％，智能电话普及率也几近 100％。淘宝、支付宝、微信已经成为社会生活的必要组成部分。如果说与乡村社会相一致的是各自为政的、局部的、隔离的社会生活环境，那么如今，中国社会生活的环境已经深深地打上了人、事、组织之间高度互联的烙印。中国社会已然是一个高度互联的多维网络。高速公路和高速铁路网络让社会的每一个成员可以快速地面对面，信息网络则让社会的每一个成员每时每刻都连接在一起，也让中国社会的每一个成员与世界上每一个可以连接在一起的成员连接在了一起。

职业结构的相变、社会生活的相变、社会生活环境的相变，共同形塑了中国社会结构的相变，无论对中国还是对世界，真可谓千年未有之大变局。遗憾的是，社会学家对如此巨变却所述不多，甚至关注不多。也许，中国社会只是结构、外形变了，本质的变化还没有完成，如中国只有约 1/4 的人属于中产阶级；也许中国社会的外形和本质都变了，如中国已经是世界上家庭互联网接入率最高的社会之一，只是社会学家还不自知。无论如何笔者都认为，社会学家对中国社会巨变的认识还非常有限，如在面对新冠肺炎疫情时，与面对非典型肺炎疫情时相比较，社会学家的认知和话语并没有出现相变。

本版在章节安排上没有大的调整，修订内容也不多，依然以个体成长历程来组织话题，从自我认知、社会化、学校教育、工作、婚嫁、组织到社会结构。对此，我有两点说明。

第一，经典社会学对社会的认识尤其是以个体成长为线索的认识相对成熟。按照这个线索组织内容的一个好处是,与年轻读者的关切相一致,节奏也相对紧凑。坏处是忽略了大学社会学概论课程还要讲的另一些内容,如文化、族群、宗教、政治、城市、乡村、环境等。尽管书中也涉及了一部分,却不系统。我认为,淡化这些内容不影响用书里的知识理解身边的社会生活,也意味着社会学的基本概念和理论是分层次的。与人们日常生活相关联的,更多的是中程概念和理论,书里淡化的则是更为抽象的概念和理论。

第二,中国社会乃至人类社会进入数字化时代以来的发展变化没有反映到社会学知识系统中来。如果从信息技术的社会化应用开始计算,数字化社会的发展也不过 20 多年的光景。虽然早在 20 世纪 90 年代社会学家已经提出了风险社会的概念、21 世纪初年提出了网络社会的概念、近些年提出了平台社会的概念,但以实证数据为证据的中程研究对当下社会的认识依然零星,尚没有形成哪怕是相对完整和系统的认识。面对新冠肺炎疫情,社会学家的失语便是典型例证。

或许,十几年的高速发展让我们生活得太舒服了、太惬意了,失去了对社会巨变的敏感。假若如此,我愿意借这本书修订的机会唤醒读者对社会变革的敏感,关注中国社会乃至世界社会的变化,认识变化,理解变化,促进社会向谋求大多数人福祉的方向发展!